KB082650

공부연결
독서법

공부연결 독서법

초판 1쇄 인쇄일 2019년 10월 25일 • 초판 2쇄 발행일 2019년 12월 17일
지은이 황경희
펴낸곳 (주)도서출판 예문 • 펴낸이 이주현
등록번호 제307-2009-48호 • 등록일 1995년 3월 22일 • 전화 02-765-2306
팩스 02-765-9306 • 홈페이지 www.yemun.co.kr

주소 서울시 강북구 솔샘로67길 62 코리아나빌딩 904호

아이의 관심을 책으로 연결하는 엄마표 독서 교육

공부연결
독서법

황경희 지음

관심을 독(讀)하게 연결하면
책 읽기는 놀이가 됩니다

학교에서 돌아온 아이가 쉬고 있으면 엄마들은 말합니다. "할 거 다 했으면 방에 들어가서 책 읽어!" 시간 여유가 있으면 책 읽는 걸 확인 하는 데서 그치지 않고 읽은 내용에 관해서도 물어봅니다. 아이가 머 뭇거리거나 대답이 늦으면 엄마의 미간에는 근심이 서립니다. '논술 공 부를 시켜야지, 안 되겠다.' 싶습니다. 그렇게 독서 논술 교육을 열심히 해보겠다고 다짐한 엄마! 아이의 독서를 체크하기 위해 이것저것 묻기 시작합니다. 제대로 읽었는지 확인하려다 보니 태도는 강압적일 수밖 에 없습니다. 그 과정에서 아이들은 아이들대로, 엄마는 엄마대로 마 음이 상합니다. 엄마는 아이가 묻는 말에 답을 못해 화가 나고, 아이는

'내가 재미있게 읽은 부분은 안 물어보고 엉뚱한 것만 물어보더니 화내는' 엄마가 야속합니다.

답답한 마음에 독서 교육에 관한 책을 사보기도 하지만 대다수가 이론서입니다. 학부모들이나 일선 교사들이 실제 교육 현장에서 활용하기에는 지나치게 전문적인 지식 일색이거나, 혹은 비현실적인 발문이나 예시, 용어들이 너무 많습니다. 책장을 펼칠 때까지만 해도 의욕 넘치던 엄마는 결국 읽기를 포기하고 맙니다.

저는 초등학교에 논술 교과 강사로 출강하며, 논술 학원을 운영하고 있습니다. 굳이 경영이라고 표현하지 않는 이유는 학원 경영보다는 아이들과 만나는 '수업 시간'에 더 많은 시간과 노력을 쏟고 있기 때문입니다. 오랫동안 독서 논술을 가르쳐 왔지만 그 흔한 스터디 모임도 하나 운영하지 않고, 학원 경영을 위한 지역 모임에도 잘 참여하지 않습니다. 그 대신에 시대의 흐름을 읽고 이를 학생들에게 잘 가르치기 위한 자격증 따기에 긴 시간을 할애하며 노력을 기울여왔습니다. 독서 지도사를 시작으로 논술 지도 교사, 역사 논술 교사, 독서 치료, 디베이트 지도, 자기 주도 학습 코치 상담사, 스피치 지도사, SQ 지도사, 레크리에이션 지도자 등 가르치는 일에 필요한 것들을 배우는 데 정말 많은 시간을 썼습니다.

여기에 한 가지 더하는 투자가 있습니다. 한 가지라 말하기에는 범위가 좀 방대합니다만⋯, 아이들의 관심 및 생활 밀착형 소재와 가르칠 단원 및 책 사이의 접점을 찾으면서 일상생활의 대부분을 보낸다 해도 과언이 아닙니다. 그 이유는 이렇습니다.

아이가 책 읽기를 싫어하고 핸드폰만 보며, 책상 앞에만 앉으면 몸을 비비 꼰다며 걱정하는 부모님이 많습니다. 하지만 걱정과 달리 이런 일들은 지극히 정상입니다. 아이들, 특히 열 살 이전 초등학교 저학년들은 친구들과 뛰어노는 것에 관심이 있고, 열광하는 캐릭터가 있는 유튜브를 보고 싶은 것이 인지상정입니다. 그것이 아이들의 세계이죠. 여기에 지루하기 짝이 없는 책을 밀어 넣고는 하기 싫은 일읽고 쓰기을 하라고 시키면 좋아할 아이는 없습니다. 책 읽으라 말하는 엄마와 선생님도 실은 책보다 관심 있는 분야의 블로그나 유튜브 채널을 보는 걸 더 좋아하지 않나요?

이렇게 아이의 관심과 동떨어진 상태에서 무작정 읽게 하면 책은 재미없는 것, 읽기 싫은 것, 왜 봐야 하는지 모르겠는 것이란 관념만 강화됩니다. 그러므로 책을 보게 하려면 노력이 필요합니다. 어떠한 노력일까요? 아이의 세상, 즉 아이가 좋아하는 것들과 책을 연결 짓기 위한 노력이 그것입니다. 그래서 저는 뉴스를 보든 예능을 보든 영화를 관람하든, 아이들이 "어, 저 그거 들어봤어요!", "선생님도 그거 아세요?"

라고 할 만한 소재들을 구하느라 여념이 없습니다. 요즘 아이들의 고민거리와 화두에 대해서도 항상 촉각을 세우고 있습니다. 이렇게 아이들의 관심사, 경험, 주말 드라마 못지않은 흥미진진한 스토리 등을 책과 연결해서 호기심을 이끌어낼 방법을 찾기 위해 시간과 정성을 투자합니다.

한 마디로 아이들의 세상과 책을 연결시켜주는 것입니다.

관심과 책을 연결하면 독서 및 그와 관련된 활동이 재미있어집니다. 재미있는 일 목록에 책 읽기가 들어가면, 자연스럽게 공부 체력이 늘어납니다. 교과서도, 참고서도, 부교재도 모두 책입니다. 진득하게 앉아서 책을 읽고 이해한 내용을 글로 쓰고 자신의 생각을 말하는 데 익숙해진 아이가 공부도 잘하는 건 당연한 일입니다. 또한 사고력과 어휘력, 문해력여기에는 문장뿐 아니라 숫자나 사실 등 정보를 파악하는 능력이 모두 포함됩니다이 성장함에 따라 공부머리가 발달됩니다. 실제로 초등 저학년 시기, 책 읽기 환경에 지속적으로 노출되며 부모님, 선생님과 많은 대화를 나눴던 아이들이 고학년에 두각을 나타내며 성적 및 수행 면에서 좋은 성과를 내는 것을 많이 보았습니다.

독서는 아이가 스스로 내면의 중심을 잡고, 사회의 바른 일원으로 자라날 토양이 되어주며, 아이가 장래 모습을 꿈꾸는 동력이 되어줌니다. 이처럼 관심과 연결된 독서는 나아가 공부와 연결되며, 인성 및 진로와도 연결됩니다. 처음에는 재미와 흥미 위주로 시작된 독서 교육이 점차 넓어져 아이의 미래에 큰 영향을 미치는 것입니다.

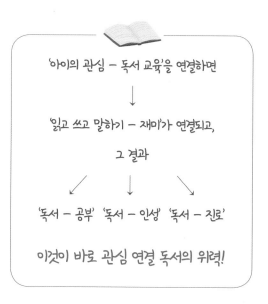

'아이의 관심 – 독서 교육'을 연결하면

↓

'읽고 쓰고 말하기 – 재미'가 연결되고,

그 결과

↓

'독서 – 공부' '독서 – 인성' '독서 – 진로'

이것이 바로 관심 연결 독서의 위력!

초등 저학년 시기는 이 같은 관심 연결 독서의 초석을 닦는 시기입니다. 특히 2~3학년은 정말 중요한 때로, 이때 다져진 책 읽기 능력이 훗날 공부 능력으로 연결되어 효과를 드러내는 경우가 많습니다. 그러나 교육 현장에서 독서 교육, 글쓰기 교육을 보면 걱정되는 점이 한두 가지가 아닙니다. 당장의 결과를 위한 미봉적 처방에 급급한 것이 사실입니다. 곧 있을 교내 대회와 매일 써야 하는 일기를 핑계로 아이의 글에 어른들의 간섭이 들어갑니다. 아이들은 자기가 쓴 내용에 꼬투리 잡는 엄마 독자와 선생님 독자를 의식한 나머지 솔직하지 못한 글을 쓰기도 합니다. 이런 모습을 보며 많이 안타까웠습니다.

저 또한 엄마이자 가르치는 사람으로서 어떻게 해야 아이가 책에 빠져들게끔 할지, 아이가 책의 메시지를 마음으로 받아들일지에 대한 목마름이 늘 있었습니다. 이런 경험과 수업 내용을 바탕으로 아이들의 눈높이에서 그들을 독서로 인도할 방법들을 담았습니다. 아이와 독후 활동을 할 때 주제를 잘 전달할 방법, 읽고 쓰게 하기 위해 던져줄 만한 질문, 그리고 어떤 글을 쓰게 해야 아이의 생각을 끄집어 낼 수 있는지 등 따라하기 쉬운 안내서를 만들려 노력했습니다.

이 책에는 그 흔한 이론 한 줄이 들어 있지 않습니다. 순전히 제가 교실에서 아이들과 주고 받은 실제 이야기를 바탕으로 풀어냈습니다. 제가 맡기 전 재미없는 과목 1순위였던 독서 논술은 이제 매 분기마다 예약 대기자가 발생하고, 입학하면 당연히 신청하는 방과 후 수업이 되었습니다. 아이들은 "여러 과목 중에서도 독서 논술이 최고 재미있어요!"라고 입을 모읍니다. 다른 수업은 안 가도 논술 수업, 논술 학원은 빠지지 않습니다. 이렇게되기까지 저의 비밀 병기와 비법들을 공개합니다. 대부분이 아이들과 알콩달콩 나눈 이야기들이라 재미있게 읽으실 수 있을 겁니다.

아이들을 바르게 키우고 제대로 가르치고 싶은 엄마들과 선생님들에게 미약하나마 도움이 되고자 했습니다. 이 책을 통해 독서와 논술은 따따하고 지루하다는 편견에서 벗어나 독자 여러분들의 가정에서도 '세상 재미있는 독서 교실'이 열리기를 바랍니다. 이 책을 읽은 독자들 모두 제2의 '황·경·희'가 되어 말려도 읽고 쓰지 말라고 해도 글쓰기를 하는 아이들과 웃음꽃을 피우길 기원합니다.

　서점에 가면 느꼈던 왠지 모를 가슴 떨림이 내 책 쓰기로 연결되기까지, 부족한 글로 두렵고 떨리는 마음 안고 출판사의 문을 두드렸을 때 좋은 콘셉트라며 환영해주고 기꺼이 문 열어준 김유진 차장님과 도서출판 예문 모든 분들께 진심으로 감사드립니다. 선생님 책은 언제 나오냐며 만날 때마다 독촉해준 나의 많은 제자들, 독자의 마음으로 충고하며 수시로 격려와 기도로 마음 모아준 사랑하는 가족, 연약하고 지혜 없는 저를 글로써 단련시키고 삶을 돌아보게 하신 나의 하나님께 감사드립니다.

2019년 10월, 황경희

CHAPTER 1
열 살 전 독서 습관 만들기,
'관심'이 핵심이다

CHAPTER 2
독서에 재미를 연결하라
– 게임보다 신나는 책 읽기의 시작

CHAPTER 3

독서를 공부, 인성, 재능과 연결하라

— 책 읽기를 확장하기

CHAPTER 4
연결 독서 실전편 ①
생각의 그릇을 확장시키는 책 읽기

CHAPTER 5

연결 독서 실전편 ②
자존감과 자신감을 높이는 책 읽기

CHAPTER 1

열 살 전
독서 습관 만들기,
'관심'이 핵심이다

초등 저학년의 관심이 책이 아님은 지극히 정상입니다. 아이가 관심 없어하더라도 책을 쉽게 접할 수 있는 환경, 독서에 호감을 가지게 하는 환경을 만드는 것이 중요합니다. 간혹 책 읽기를 좋아하는 아이도 있는데, 타의로든 자의로든 읽다 보니 책에 빠지게 되는 경우죠. 그래서 책을 읽을 수 있는 환경에 많이 노출시켜 주어야 하다는 것입니다.

아이가 책 읽기를
싫어한다고요?
정상입니다!

독서 교육, 아이의 관심을 끄는 것부터 시작해야 합니다

어느 날 수업을 마치고 집에 와서 쉬고 있는데 전화가 한 통 왔습니다. 저장돼 있지 않은 번호라 잠깐 망설이다가 미심쩍은 기분으로 통화 버튼을 눌렀습니다.

"선생님, 진짜 102살이에요?"

전화를 받자마자 다짜고짜 묻는 말이 들립니다. 이게 무슨 상황인가 싶습니다. 뒤이어 들려오는 목소리.

"선생님이 그랬잖아요? 102살이라고요."

두세 마디를 들으니 그제야 누군지 알겠습니다. 전화를 건 친구는 방과 후 학교에 다니는 초등 2학년 남학생이었습니다. 사정인즉슨 이랬습니다. 학기 초에 새로 만나면 제 나이를 묻는 학생들이 많습니다.

권위적으로 가르치지 않고 아이들과 장난치며 즐겁게 이야기를 나누
니 저희들 딴에는 '저 선생님은 몇 살일까' 궁금한가 봅니다. 이런 질문
을 받을 때면 저는 짐짓 진지한 말투로 "선생님은 사실 102살이야. 집
에 가면 특수 분장을 해제해야 하는데, 먼저 가발을 벗고 그다음에 틀
니를 빼고 등에 부착한 뼈 지탱 막대기를 빼지. 얼굴 가죽도 벗겨내야
하는데, 그러면 102살 할머니가 나온단다."라고 말하곤 합니다. 대개
는 장난으로 받아들이지만 몇 명은 진짜인 줄 알고 눈이 휘둥그레져
서 조잘조잘 묻습니다.

"선생님은 102살이라서 우리한테 해줄 이야기도 많이 알고, 우리가
하기 싫은 것도 알고, 책 읽었다고 거짓말한 것도 다 아는 거예요?"

"정답! 딩~동 댕~동!!"

뜬금없는 전화를 받은 그날에도 이 같은 대화를 했었습니다. 아이
가 얼마나 궁금했으면 집에 가서 부모님 전화기를 빌려 진짜 102살인
지 확인하나 싶더군요. 수업 시간에 아이들이 제 말을 허투루 듣고 있
지는 않다는 안도감과 더불어 '역시 아이들은 어른의 나이를 가늠하
지 못하는구나'라는 생각도 들었습니다. 그리고 한 가지 새삼스러운
깨달음이 이어졌습니다. 아이들은 선생님이 중요하다고 가르치는 수
업 내용보다 곁가지로 하는 소소한 이야기들을 더 잘 기억한다는 사
실입니다.

읽기 교육의 시작은
아이의 흥미를 끄는 대화에서부터

아이들은 이야기를 무척 좋아합니다. 수업 시간에 어떤 이야기를 들으면 그것을 기억하고 집에 가서도 자랑삼아 이야기합니다. 저의 수업 계획인 듯 수업 계획 아닌 그것은 바로 '아이들과 동등한 눈높이에서 이야기 나누기'입니다.

어린 시절을 떠올려 보세요. 선생님의 말씀 중에 이해가 안 되는 부분이 있어도 묻지 못하고 찜찜한 채로 넘어간 적이 있지 않았나요? 적어도 제 수업 시간에는 이런 일이 없게 하자는 것이 제 주의입니다. 어른들의 질문에 아이들이 입을 다무는 데는 몇 가지 이유가 있습니다. 우선 선생님이 권위적인 경우 무서워서 말을 하지 않습니다. 수업 분위기가 너무 진중하면 부끄러워 말하지 않죠. 그리고 재미없는 경우, 이 또한 아이들의 말문을 열지 못합니다. 흥미가 없는데 무슨 말을 하겠나요. 그래서 전 어떻게 하면 쉽게 그리고 재미있게 수업을 할지 늘상 고민합니다.

제 나름의 원칙은 이렇습니다.

첫째, 주제 논술이든 독서 논술이든 거기에 알맞은 일화나 예화를 들려주는 것부터 시작합니다. 저는 특히 제 자신의 경험을 많이 이야기합니다. 아는 사람이 겪은 실화만큼 흥미진진한 이야기도 드물죠.

둘째, 아이들의 관심과 수업 주제를 연결 짓습니다. 영화를 보든 예능 프로그램을 보든 여행을 가든, 그 모든 것을 수업 재료로 삼아 이야기를 나눕니다. 아이들의 관심과 주제를 구체적으로 연결하면 수업에 임하는 태도가 확연히 달라지는 걸 느낄 수 있습니다.

초등 저학년들의 고민 순위 1등은?
"책 읽기가 싫어요!"

수업 시간에 제 이야기를 많이 하다 보니 진정성이 느껴졌는지, 많은 아이들이 깊은 내면 이야기를 하곤 합니다. 1학년, 2학년, 3학년…, 기껏해야 열 살 아래인데 무슨 고민이 있을까 싶죠? 그런데 말입니다, 생각보다 그들도 고민이 많고 할 이야기가 산더미입니다. 이런저런 이야기를 하다 어느새 집단 상담소가 돼버린 적이 한두 번이 아닙니다.

저학년들의 첫째가는 고민은 무엇일까요? 제가 겪은 바로는 '책을 너무 읽기 싫다.'였습니다. 아이들은 말합니다.

"제가 제일 싫어하는 게 책 읽는 건데, 엄마는 제가 싫어하는 일을 할 때 가장 좋아해요."

그래서 아주 가끔은 거짓말을 하게 된다는 증언(?)도 이어집니다. 그래야만 엄마가 재미난 곳에 함께 놀러가주고, 야구나 축구, 게임도 하

호감과 흥미를 끌어내는 대화의 기술

독서 논술이라 하면 딱딱하고 재미없어 보이기 쉽습니다. 그런데 저희 학생들은 하나 같이 수업 시간이 기다려진다고 합니다. 왜일까요? 흥미진진한 이야기, 즐거운 대화가 있는 시간이기 때문입니다. 재미있는 대화로 독서 공부 시간에 호감을 가지게 해주세요. 호감이 이어지면 그 시간에 하는 일들, 즉 읽고 생각하고 쓰고 발표하는 모든 일들에 관심을 가지게 됩니다.

첫째, 아이가 다른 사람에게 들려주고 싶을 만한 이야기를 해주세요.
생각해보면 어른도 비슷합니다. 누군가에게 흥미진진한 이야기를 들을 때면 '잘 기억해뒀다 나중에 다른 사람에게도 이야기해줘야지'라고 생각하게 마련입니다. 아이들도 똑같습니다. 아이가 친구나 선생님 또는 엄마 아빠에게 들려주고 싶을 만한 이야기를 해주세요. 책에서 읽은 이야기라면 어떤 책에서 읽었는지도 말해주세요.

둘째, 아이의 눈높이에 맞춰 대화하되 아기 취급하지 마세요.
아이들과 대화를 나누다 보면 고민이나 사고가 어른과 다르지 않아 놀랄 때가 많습니다. 물론 또래들 간의 사정, 아이다운 발상이 있으나 기본적으로는 아이도 한 명의 인간입니다. 아이 눈높이를 고려하되, 진지한 대화를 나눌 때만큼은 사람 대 사람으로 대해주세요. 아이 취급하며 '네가 몰라서 그래', '내가 알려줄게, 시키는 대로 해봐'라는 식은 금물! 아이의 마음을 여는 가장 큰 열쇠는 바로 존중입니다. 아무리 어려 보이는 초등 저학년이라도 말이죠.

게 해주고, 핸드폰도 사주더란 것이죠. 물론 백 퍼센트 그런 것은 아니고 이런 경우가 생각보다 많더라는 이야기입니다.

초등 저학년의 관심이 책이 아님은 지극히 정상입니다. 아이가 관심 없어하더라도 책을 쉽게 접할 수 있는 환경, 독서에 호감을 가지게 하는 환경을 만드는 것이 중요합니다. 간혹 책 읽기를 좋아하는 아이도 있는데, 타의로든 자의로든 읽다 보니 책에 빠지게 되는 경우죠. 그래서 그 환경에 많이 노출시켜 주어야 한다는 것입니다.

책을 읽을 수 있는 환경에 자연스럽게 노출시키고 읽게끔 해주는 것이 엄마의 할 일입니다. 특히 아이의 관심을 누구보다도 잘 알고 있기에, 아이가 좋아하는 것들이 책에 활자로 잘 설명돼 있다는 점을 인식시켜줘야 합니다. 종이접기를 하더라도 책을 펼쳐놓고 책의 내용을 따라 만들고, 자동차나 곤충, 식물을 좋아한다면 도감을 펼쳐놓고 신이 나서 떠드는 아이의 말에 귀를 기울이세요. 그러면 관심사는 물론이고 책이 주는 재미에도 깊이 빠지게 됩니다.

엄마를 위한 생각

초등학생은 두 종류로 분류됩니다. 책 읽기를 좋아하는 학생과 책 읽기를 진짜, 엄청, 광장히 싫어하는 학생! 내 아이는 후자인 것 같아 걱정이라고요? 책을 본능적으로 싫어하는 아이라도 쉽게 책을 접하고 읽을 수 있는 환경에 노출시키면 됩니다. 그리고 아이의 관심과 연결시켜줘야 합니다. 특히 자아를 형성해가는 열 살 이전의 독서 교육에서는 아이의 타고난 성향만큼이나 엄마의 역할이 중요하게 작용합니다.

아이의 호기심을 자극하는
'다음 시간에 계속됩니다' 작전

초등학교 저학년 학생들, 특히 아들을 둔 엄마들은 고민거리가 한 짐입니다. 그중에서도 가장 큰 고민은 '도대체가 책을 싫어한다'는 것입니다. 동화책 하나도 진득하게 읽지를 못하니 앞으로 두꺼운 참고서를 펼치고 공부는 어찌할까 싶습니다. 그런데 이런 고민을 하던 학부모들이 "책을 쳐다도 보지 않던 아이가 논술 선생님이 읽으라는 책을 사달래요.", "아이가 도서관에서 책을 빌려 읽어요."라며 신기해하고 또 대견해하십니다. 그러면서 제게 비법을 묻습니다.

제 노하우는 책을 감칠나게 소개하는 것입니다.

- 배우고자 하는 책의 주제와 관련된 자신의 경험을 흥미진진한 이야기로 만들어 들려줍니다.
- 책의 작가들을 소개할 때는 작가의 사진이나 관련 이미지를 보여주고, 어떻게 살았던 사람인지, 그 책이 나오게 된 이유와 과정 등 스토리를 들려줍니다.

책과 관련해 들려줄 만한 저의 경험담이 소위 '흑역사'뿐일 때도 있습니다. 그런 이야기를 하면 아이들은 '일시 음소거' 상태가 됩니다. 눈빛이 초롱초롱해지고, 조금 과장해 숨도 안 쉬고 제 이야기를 듣습니다. 그 절정의 즈음에서 수업 종이 울리면 아이들은 아쉬움의 함성을 지릅니다. TV 프로그램을 보다 보면 클라이맥스 부분에서 '60초 후에 계속됩니다.'라는 자막이 뜨는 것과 비슷합니다. 다른 점은 60초가 아니라 다음 수업까지 기다려야 들을 수 있는 이야기란 것이죠. 아쉬움이 큰 만큼 아이들의 관심도 커집니다. '그래서 어떻게 되었을까' 궁금하다 보니 책을 찾아보는 아이들도 제법 있습니다. 평소에는 거들떠도 보지 않던 거실 책장 앞에 서서 우리 집에 그 책이 있는지 없는지 찾고, 엄마를 졸라 도서관이나 서점에 가기도 합니다. 심지어는 "선생님, 그 작가의 다른 책도 읽어 보았어요."라는 아이도 있습니다. 이 정도면 가히 폭발적인 반응이라 할 만합니다.

가벼운 책이야 간단히 읽는 아이들이 많습니다만, 조금 두껍거나 어려운 책이라면 이런 방법을 사용하는 것도 방법입니다. 책과 관련된 각종 흥미로운 스토리를 아이와 공유하되, 약속된 시간이 되면 수업 종(알람)이 울리면 다음을 기약하며 이야기를 마칩니다. 그 시점은 이야기의 클라이맥스일수록 좋습니다.

아이가 책을 읽도록 하는 데는 이외에도 다양한 방법이 있습니다. 중요한 것은 책을 접할 환경에 노출시키고, 읽게끔 만드는 것이죠. 그러기 위해서는 첫째, 초등학교 저학년들은 책 읽기를 싫어하는 것이 당연하다는 사실을 인정해야 합니다. 둘째, 아이의 관심사나 아이가 흥미 있어하는 것을 파악해야 합니다. 셋째, 책을 읽게 할 회유적인 방법과 관심을 끌 만한 소재를 찾아 독서와 연결시켜야 합니다. 이렇게 아이들이 책의 세계로 빠지게끔 우리가 안내자 역할을 잘해줘야 할 것입니다.

초등 저학년을 위한 독서 교육의 첫 단추 꿰기는 다음과 같은 질문에서 시작돼야 한다는 걸 잊지 마세요.

"내 아이의 관심사는 무엇일까?"

열 살 전 독서 습관이
평생 공부 머리를
만듭니다

초등 저학년 시기, 부모가 어떤 환경을 만들어주느냐가 정말 중요합니다

어른 아이 할 것 없이 난독이 문제라고 합니다. 우리나라 성인의 실질 문맹률이 OECD 최고 수준이라는 충격적인 보도도 있었습니다. 실질 문맹률이란 글자는 읽되 문맥을 읽지 못하는 사람들의 비율이죠. 알고 보면 간단한 문제조차 출제 의도를 파악하지 못해 틀리고, 밤새워 공부해도 성적이 오르지 않습니다.

시, 소설, 신문기사 등 텍스트를 이해하는 산문은 물론이고, 수량과 각종 지식이 담긴 문서를 파악하는 것까지 포함되는 문해력은 오로지 읽기를 통해서만 길러질 수 있습니다. 읽기 능력이 공부의 기초 체력이 되는 것입니다.

초등 2~3학년, 책 읽는 환경이 특히 중요한 이유

아이들이 무언가에 관심을 가지게 되는 요인은 무엇일까요? 친구의 이야기가 작용하기도 하고, 주변 환경의 영향으로 관심을 가지기도 하며, 본능적인 이끌림에 의해 흥미를 느끼는 경우도 있습니다. 아이들이 호기심을 가지는 대상의 종류와 관심 정도는 제각각입니다. 우리가 주목할 것은, 부모가 나름의 철학을 가지고 조성한 환경 또한 상당한 영향을 미친다는 점입니다.

어떤 환경에 노출돼 왔느냐는 책을 고를 때도 드러나고, 아이가 쓴 글에도 고스란히 나타납니다. 그러므로 저학년 때 책 읽는 환경을 만들어주는 것이 정말 중요합니다.

부모의 영향으로 다양한 경험을 하고 책 읽기 또한 많이 한 경우, 저학년인데도 4~5학년 수준의 어휘와 문장력을 구사하는 모습을 자주 봅니다. 그런가 하면 언어 능력이 미취학 아동 수준에 머무르는 아이들도 있습니다. 예를 들면 같은 2학년이더라도 7세 아이들처럼 스몰 스텝으로 행동하는 아이가 있는가 하면, 4~5학년 수준으로 이해력이 발달한 학생들도 있습니다. 동시대를 사는 동학년인데도 그 차이가 제법 납니다.

다행스럽게도 이런 차이는 고정되는 것이 아니며, 특히 초등 저학년 시기에는 얼마든지 변할 수 있습니다. 열 살 이전은 앞서거나 뒤서거니 하며 자라나는 시기입니다. 발달 과업이 살짝 늦은 아이라도 꾸준히 책을 읽으며 부모님과 활발하게 의사소통하고, 다양한 체험 등을 계속하다 보면 어느샌가 제 학년 수준 이상의 학습 능력을 나타냅니다. 반면에 또래보다 습득력이 빨라 보이던 아이가 책 읽기를 멈춘 후부터 보기 좋게 추월당하기도 합니다.

부모라면 누구나 내 아이는 특별하다고 생각하지만 사실 아이들의 타고난 머리는 크게 다르지 않습니다. 학습의 기본기가 되는 문해력, 즉 읽고 이해하는 능력의 기초가 만들어지는 초등 저학년 시기에 부모가 어떤 환경을 조성하고, 아이의 삶에 어떤 발달 재료를 넣어주느냐가 정말 큰 차이를 만듭니다. 특히 초등 2~3학년은 가장 중요한 시기로, 평생 가는 공부 기초 체력은 이때 다져진다 해도 과언이 아닙니다. 책 읽는 환경을 조성하는 데 박차를 가해야 하는 이유입니다.

중학교에 진학한 제자들이 와서 하는 말

제 수업은 하나의 주제에서 그냥 끝나는 법이 없습니다. 반드시 그 주제와 연결된 책 혹은 작가를 소개하거나, 여러 가지 다른 과목과 연결시켜 이야기를 풀어나갑니다. 그렇다 보니 역사 시간인 것 같았는데

공부 잘하는 아이로 키우려면, 교과서부터 읽게 하라

교과서도 결국 책입니다. 제대로 읽고 이해해야 그다음 공부로 나아갈 수 있습니다. 이를 위해서는 엄마부터 '교과서는 틀에 박힌 책'이란 편견에서 벗어나 '재미있는 책'이란 관점에서 접근해야 합니다.

요즘 교과서는 제가 봐도 반할 정도로 잘 만들어져 있습니다. 특히 사회 교과서는 설명은 물론이고 사진과 삽화 등 다양한 자료를 이용한 구성이 알차게 짜여 있어서 교과서만 읽어도 머리에 쏙쏙 들어옵니다. 교과서에 대한 고정관념을 버리고, 그 또한 재미있는 책이라 생각하고 읽으면 과목 자체에 대한 흥미도 더 생길뿐더러 공부 시간을 단축할 수 있어 일석이조입니다. 교과서를 배제한 채 또 다른 참고서를 가지고 공부시키려 하지 말고, 교과서를 이야기 책이나 비문학 책이라 생각하고 읽게끔 지도해주세요. 어떤 과목이든 교과서부터 제대로 읽고 이해하는 습관을 들이면 앞으로 10년, 아이의 공부에 큰 도움이 될 것입니다.

과학 시간이 되기도 하고, 국어 시간인가 싶다가 사회 시간이 되기도 합니다. 이런 방식은 융합 교육에 적격입니다. 개정된 지금의 교과서는 곳곳에 쓰고 말하기와 관련된 내용이 많습니다. 저는 쓰고 말하기에 필요한 팁들을 미리 이야기하고, 앞으로 배울 주제를 앞서 공부하고 연결시켜서 적당한 책을 소개합니다. 그럼 야무진 제자들은 그것을 기억해서 다 챙겨보았다가, 복도를 오가다 만나면 "선생님이 말씀하신 책 읽었어요!"라며 보고 겸 자랑을 합니다. 제 말을 허투루 듣지 않고 책을 찾아보는 제자들이 무척 예쁩니다. 책과 아이들 간의 가교 역할을 잘하고 있구나 싶어 뿌듯하기도 합니다.

엄마를 위한 생각

 아이들은 부모의 말을 들으면서 자랍니다. 종종 자녀가 같이 있는 데도 불구하고, 자녀의 못하는 것을 단정 지어 제삼자(교사나 이웃, 친지 등) 앞에서 평가하듯 말하는 분들이 있습니다. 이런 말을 들은 아이는 그 자신을 '부모가 말하는 나란 틀' 안에 넣어버립니다.

엄마가 어떤 신념을 가지고 아이에게 어떻게 행동하느냐에 따라 아이의 미래는 달라집니다. 특히 초등 2~3학년 때에 뿌린 것이 고학년 또는 상위 학교에서 확연히 드러나는 일이 많습니다. 아이들에 대한 부모의 긍정적인 믿음이 견고하면 결국은 엄마가 믿는 대로 자라는 아이들이 상당합니다(비록 시간은 오래 걸릴지라도). 반대로 부모가 제삼자 앞에서 늘 냉정하게 아이를 비판하거나 흠 아닌 흠을 보는 경우, 아이의 자신감이 많이 떨어지는 것을 보곤 합니다. 엄마의 예언 아닌 예언, 즉 고학년으로 갈수록 성취도가 떨어지는 경우도 실제로 제법 많습니다.

우리는 아이들의 한쪽 면만 보고 판단할 때가 많습니다. 아이의 가능성을 감지하고, 부족함이 보이면 잘 할 수 있도록 이끌어주는 것이 우리 교사나 학부모의 역할입니다. 교육, 즉 에듀케이션 (education)은 라틴어의 educare에서 유래되었다고 합니다. educare는 '밖으로'라는 의미의 e와 '이끌어내다'는 의미의 ducare가 결합돼 '밖으로 이끌어 내다'는 뜻을 내포하고 있습니다. 다시 말해, 아이들의 잠재력을 이끌어 내는 능력이 바로 교사의 능력이며 엄마의 능력이라는 것입니다.

아이를 단정짓지 마세요, 아이의 잠재력을 엄마의 편견 속에 가두지 마십시오.

또 하나, 제 수업의 특징 중 하나는 아이가 아이를 가르치는 모습을 종종 볼 수 있다는 것입니다.

학생마다 성취도가 다르듯, 과제 수행 정도도 제각각입니다. 저는 가끔 과제를 다 마친 학생으로 하여금 그렇지 못한 친구를 가르치며 도와주라고 합니다. 수업 중이라면 같은 반 친구끼리, 방과 후 학교에서는 다른 학년이라도 서로를 가르치라고 합니다. 이렇게 하면 평소에는 두각을 드러내지 않던 얌전한 아이가 친구나 동생들에게 야무지게 설명하는 모습을 보이기도 하고, 과제는 받았지만 무엇을 해야 할지 몰라 막막해하던 1~2학년들이 윗 학년의 설명을 통해 과제를 이해하고 스스로 해나가는 모습을 보이기도 합니다.

과제라고 하면 으레 엄마가 도와주는 것으로 생각하는 분이 많습니다. 물론 그 또한 필요합니다. 차이는 엄마와 함께하는 공부과제가 소화되기 쉽게 만들어진 영양제 같은 것인 반면, 친구들끼리 도와주는 공부과제는 꼭꼭 씹어 삼키느라 시간은 걸릴 지라도 소화력을 키워주는 날 음식과 같다는 것입니다. 아이들끼리 그들의 언어로 설명하고 이해를 도우며 상부상조하는 모습을 한번 지켜봐 보십시오. 제법일 겁니다. 특히 가르치는 입장의 아이는 개념을 잡을 수 있어 긍정적 결과에 이르기도 합니다. 어렴풋하게 알던 개념이 말로 설명하는 과정에서 확실히 자기 것으로 소화되는 덕분입니다. 이 방법은 자녀가 둘 이상인 경우 형제자매 간에도 적용해보면 좋습니다.

이렇게 초등학교 시절에 관심 있는 책을 스스로 찾아 읽고, 그에 관해 쓰고 말해본 경험이 중고등학교는 물론, 대학에 가서도 큰 도움이 되었다며 연락해오는 제자들이 있습니다. 스승의 날에 제자가 찾아오거나, SNS를 통해 제자들을 만날 때면 정말이지 감개가 무량합니다.

제 제자들이 하나 같이 입을 모아 하는 말이 있습니다.

"책을 찾아 읽고, 글로 쓰는 데 대한 두려움이 없다 보니 수행평가가 별로 부담스럽지 않았어요."

"남들은 프레젠테이션을 하면 긴장하는데, 저는 발표하는 데 익숙해서 잘할 수 있었어요."

떠먹여 주지 않고 스스로 생각을 많이 하게끔 해야 합니다. 우리 아이들에게는 무궁무진한 잠재력이 있습니다. 어떻게 이끌어내느냐에 따라 달라집니다. 이를 위해 부모가 가장 먼저 해야 할 일은 바로 책 읽기 환경을 조성하는 것입니다.

내 아이에 관해
얼마나
알고 있습니까?

아이의 관심사와 수준을 객관적으로 파악하는 것부터 시작하세요

제가 하는 학원의 입회원서(학원 등록 시 엄마들이 작성하는 것)에는 다음 두 가지 항목이 포함돼 있습니다. 하나는 '내 아이가 좋아하는 것'이고, 또 하나는 '황경희 논술을 통해 무엇을 얻었으면 하는가'입니다. 열이면 여덟 아홉의 엄마들이 '아이들이 좋아하는 것'란에는 고개를 갸웃거리며 한참을 망설입니다. 보다 못한 제가 "그 칸은 그냥 두고 학원을 통해 얻고 싶은 것을 쓰세요."라고 하면 한 줄 가득 적어 냅니다.

그런가 하면, 학생들과 수업을 시작할 때 첫 만남의 어색함을 풀기 위해 입회원서에 적힌 '내 아이가 좋아하는 것'을 기억해내서 학생에게 말을 걸었다가 뻘쭘한 상황에 처하기도 합니다. 엄마가 귀띔해준 관심사에 관해 말하면 이런 반응이 돌아오기 일쑤입니다.

"그건 제가 좋아하는 것이 아니라 엄마가 좋아하는 것이에요."

엄마가 완전히 틀린 것은 아니지만, 아이들과 엄마들의 우선순위가 다르다 보니 이런 일이 생기는 것 같습니다.

아이가 진짜 좋아하는 것이 무엇인지 궁금한가요? 그렇다면 스마트폰이나 TV, 게임을 최대한 멀리하게 하여 심심해지도록 두면 됩니다. 단, 마음 놓고 빈둥거리며 제한 없이 자유롭게 사고할 수 있도록 충분한 시간을 주세요. 그러면 피아노 앞에 가서 앉거나, 레고 상자를 찾거나, 줄넘기를 하러 나가거나 축구공, 야구공을 찾는 등 마음이 끌리는 무언가를 찾아 할 것입니다.

또 한 가지 중요한 점, 무언가를 좋아한다고 해서 바로 관련 학원에 보내거나 교재 등을 사주지 말고 약간의 시간과 결핍을 주어야 합니다. 추가적인 공부나 필요한 물건은 그냥 주어지는 것이 아니라, 나름의 고생을 통해 쟁취하도록 해주세요. 그래야 함부로 다루지 않고 배울 때도 매우 진지하게 임합니다.

학원에 다니거나 관련 도서를 읽고 인터넷 강좌를 찾아 듣는 등, 관심사와 관련된 활동공부을 시작하면 진득하게 지켜보고 지지해줘야 합니다. 무엇을 지속해나가는 열정과 끈기를 아이가 체득할 수 있게 하려면 최소한 2년은 필요합니다.

늦둥이 중 영재가 많은 이유를 과학적인 연구로 알아본 결과, 부모가 소리치거나 야단치는 빈도가 현저히 낮은 덕분이라고 합니다. 공부 안 하고 빈둥거려도 막내라서 예쁩니다. 첫 아이에게는 없었던 관대함이 막내에게는 적용됩니다. 그런 느슨함과 기다림이 아이로 하여금 스스로 흥미를 찾아 재능으로 발전시켜 나가게끔 한다는 것입니다. 내 아이의 현주소를 파악하고, 다소 엉뚱한 것을 좋아하고 관심 있어하더라도 지지해주며, 한 발짝 물러서서 지켜볼 수 있는 엄마들의 위대한 결단이 필요함을 새삼 깨닫습니다.

엄마들의 흔한 착각,
"우리 아이는 레벨이 상당히 높아요"

어렸을 적 저는 지금과는 달리 무척 소심했습니다. 걱정이 많았다고나 할까요? 중학교 가기 전, 고등학교 가기 전, 대학교 가기 전 또 그 사이 사이 학년이 바뀔 때마다 '누구랑 짝이 될까?', '누구랑 점심을 먹지?', '누구랑 집에 같이 오지?' 같은 것들이 늘 걱정이었습니다. 그랬던 저에 비하면, 수업 시작하는 당일 낯선 학원의 문을 열고 들어오는 요즘 아이들은 참 기특합니다. 게다가 다른 학원도 아니고 읽고 쓰기가 위주인 논술 학원에 엄마가 가란다고 군소리 없이 혼자 문을 삐죽이 열고 들어오는 모습을 볼 때마다 대단하다고 생각합니다. 저라면 그리 못 할 것 같거든요.

그런데 새로운 것에 대한 두려움은 없을지에 대한 제 걱정과 별개로, 문제는 다른 곳에서 발생하곤 합니다. 등록 전 상담 시간에 엄마들이 말한 아이의 수준과 실제 상황이 많이 다른 것입니다.

"저희 애는요, 읽기 능력은 상당하고 쓰는 것도 너무 잘 쓰고 수준이 높아서 2개 학년 정도 높아도 충분히 따라갈 수 있어요."

상담 때 이런 이야기를 들으면 저는 잔뜩 기대를 하고 아이와 마주하지만, 엄마의 판단이 백 퍼센트 적중하지는 않습니다. 미안한 말이지만 지나치게 과대평가하는 경우도 더러 있다는 것이죠. 오판의 이유는 무엇일까요? 학원마다 시행하는 수준별 테스트의 영향이 큽니다. 테스트 결과 아이의 수준이 점점 향상되고 있다고 하니 엄마들은 그대로 믿을 수밖에 없을 겁니다. 너무 높게도 너무 낮게도 보지 않고 정확히 판단하는 것이 우리 부모의 역할인데, 그게 말처럼 쉽지 않은 것이 현실입니다.

이런 어려움에도 불구하고, 객관적인 파악을 통해 아이에게 필요한 부분을 정확히 알고 준비해주는 엄마가 되어야 할 것입니다. 우선 내 아이의 수준에 맞는 책을 선택하는 것부터 시작해야 합니다. 방법은 간단합니다. 최대한 본인이 읽고 싶은 책을 우선순위로 하되 관심 있어하는 분야부터 시작해서 차근차근 읽으면 됩니다. 이때 아이가 자신이 고른 책을 읽는 모습을 잘 관찰하면 객관적인 수준을 파악할 수 있습니다. 글자가 많은 책을 끈기 있게 읽는지 아니면 바로 덮어버리는

지, 제 학년 수준보다 높은 책에 관심을 보이는지 반대로 낮은 책을 읽길 좋아하는지 등 엄마가 골라준 책이라는 강박에서 벗어나 마음대로 선택하게 하고 책을 대하는 태도를 보아야 합니다. 그래도 권장도서를 읽혀야 하는 것 아니냐고요? 그런 강박은 잠시 내려놓는 것이 오히려 도움이 됩니다. 다른 아이들이 다 읽었다고 하여 급하게 무작정 읽힐 필요가 없다는 말입니다.

아이의 독서 수준을 높이고 싶다면, 많은 책을 읽히려 하지 마세요

쉽고 재미있는 책들을 통해 충분히 독서에 익숙해지면, 그다음은 좀 더 심오하고 어려운 책들을 찾을 수 있도록 준비시켜줄 차례입니다. 이때 중요한 것은 엄마가 골라주기보다는 아이가 지적 호기심을 느껴 스스로 도서를 찾도록 하는 것입니다. 그러기 위해서는 아이가 무엇을 좋아하고 무엇을 할 때 제일 행복해하는지, 엄마의 입장이 아닌 전적으로 아이의 눈높이에서 바라볼 필요가 있습니다.

앞서도 말했듯, 저는 아이들이 재미있고 즐겁게 수업에 임하게끔 최선을 다합니다. 그러나 같은 교실에서 같은 수업을 받았다고 해서 모두 같은 속도로 발전하는 것은 아닙니다. 어떤 학생들은 단시간에 실력이 확 오른 후 정체 기간이 오래 가기도 합니다. 그런가 하면 아주 느리고 완만하게 수준이 향상되는 경우도 있습니다. 일례로 1학년부터 6학년까지 초등 시절 내내 제 수업을 들었는데, 4학년이 돼서야 자신의 생각을 서서히 정리하고 쓸 수 있게 된 학생도 있었습니다. 만약 그 아이의 엄마가 저와 자녀를 기다려주지 않았더라면 어떻게 되었을까요? 변화가 없다는 이유로 독서 논술을 그만두게 했다면 아이는 쓰기와 읽기에 대해 패잔병 의식을 가지게 됐을 것입니다. 그 결과 읽고 쓰는 과업이 주어지면 알레르기 반응을 일으켰을지도요. 이렇듯 학습과 기능에 대한 아이들의 결과는 다양하며, 그 시기와 표현 방식도 제각각입니다.

속도는 모두 다를지 몰라도 설사 매우 느릴지라도 도달하지 못하는 아이는 없습니다. 관건은 기다려주는 엄마, 기다려주는 선생님입니다.

한 교실에서 같은 내용을 배워도 30명이면 30가지의 방식으로 다르게 흡수하고, 30개의 각기 다른 결과가 나옵니다. 급하게 먹이지 맙시다. 자기 수준보다 훨씬 어려운 두꺼운 책을 학원 숙제라며 끙끙대고 읽는 모습은 보는 것만으로도 안타깝습니다.

빠른 것이 곧 좋은 것이라는 공식은 없습니다. 진도가 막 나간다고 좋은 것이 아니고 레벨이 높다고 좋은 게 아니며 많이 읽었다고 좋은 게 아닙니다. 제대로 소화했는지가 중요합니다. 많이 빨리 먹으려고 하면 체하게 되니, 조금씩이라도 확실하게 씹어 먹어야 합니다. 많은 책을 읽는 것보다 한 권을 제대로 읽고, 인생의 터닝 포인트가 될 만한 한 권의 책을 찾는 것이 우선입니다.

엄마를 위한 생각

아이를 믿고 기다리기로 결심했다면 엄마 스스로가 단단해질 필요가 있습니다. 아이가 어렸을 때는 엄마들끼리 모여 정보를 공유하며 학원의 레벨에 관한 이야기, 선생님들이 주는 작은 칭찬과 상장 등 모든 일에 귀 쫑긋해서 일희일비하기 쉽습니다. 그러나 학년이 올라가면 그것이 본질이 아님을 알게 됩니다. 실제로 엄마들 간의 카더라 통신을 멀리하고, 상장이나 점수에 일희일비하지 않는 엄마들의 자녀가 결과적으로 오히려 더 좋은 성과를 내는 경우가 많습니다. 20년간 수많은 학생과 학부형을 만나고, 또한 저 자신이 학부모였던 경험에서 드리는 말씀입니다.

"몰라요"를
입에 달고 사는
아이들

아이가 좋아하는 세상과 책을 연결시키는 질문을 해주세요

지난주에 안 보였던 학생이 있어 결석 이유를 물어보니 여행을 다녀왔다고 합니다. "어디 다녀왔니?"하고 물으니 "몰라요."하며 어깨를 으쓱합니다. 그럼 제일 기억에 남은 것은 뭐냐고 물어보니 또 대답합니다.

"기억이 안 나요."

이런 대화는 극히 일부입니다. 생각을 요하는 질문이든 아니든 간에 가장 많이 돌아오는 대답은 "몰라요, 기억이 안 나요."입니다. 가족 여행이라면 부모님이 아이에게 도움이 될 만한 체험 거리들은 물론 교과와 연관되는 경로 등을 알아보고, 준비에 많은 에너지를 쏟아부어서 다녀온 것일 게 분명합니다. 해외여행을 하고 오면 그나마 나라 이름 정도는 말하더군요. 그러나 여행에 대한 아이들의 피드백은 이구동성, "몰라요. 기억이

안 나요."입니다.

이런 아이들에게 인기 아이돌 그룹 방탄소년단의 멤버인 뷔의 생일을 물어보면 반응은 완전히 달라집니다. 0.1초도 망설임 없이 바로 답이 튀어나옵니다.

"12월 30일이요."

"어떻게 그걸 다 기억해?"

"그걸 왜 몰라요?"

급기야 저는 심술이 나서 논술 시간에 금지어를 정했습니다. 이른바 '몰라요 금지령'입니다.

들으면 속 터지는 "몰라요", 아이들이 이런 답을 하는 이유는?

생각도 하지 않고 자동반사적으로 나오는 "몰라요" 소리에 어른들은 속이 터집니다. 그런데 왜 밑도 끝도 없이 모른다고만 하는 걸까요? 그 이유는 관심이 없기 때문입니다. 자극이 되지 않으니, 다시 말해 흥미가 생기기 않으니 세상 읽기에 마음이 가지 않는 것입니다.

아름다운 풍경을 보는 것도, 사적史蹟에 가서 설명을 듣는 것도 아이들 입장에서는 그다지 흥미로운 일이 아닙니다. 반대로 게임의 레벨이

나 좋아하는 영화, 좋아하는 운동, 좋아하는 연예인들에 대해서는 수많은 정보와 사실들을 줄줄 열거하곤 하죠. 부모들은 '배우라는 건 안 배우고, 별 쓸데없는 것들만 외울까' 싶지만 그 쓸데없는 것들이 바로 아이들이 좋아하고 관심을 가지는 대상입니다.

아이들은 관심이 가는 것들에만 반응합니다. 어른들이 그것을 이해하지 못하면 오해가 쌓이고, 그 기간이 길어지면 결국 대화가 단절됩니다.

엄마를 위한 생각

이런 경험이 다 있을 겁니다. 어른들이 물으면 '몰라요'로 도배하다가 취향이 같은 또래를 만나면 끝도 없이 이야기합니다. 세상 진지하다가도 까르르 웃으며 저희들끼리 재미있어 난리입니다. 어른은 그들의 대화에 감히 낄 수조차 없습니다. 무슨 이야기를 나누나 하고 가까이 가서 들어보면 온통 외계어죠. 이럴 때 어떤 반응을 보이시나요? 모르는 이야기니 무시하고, 집에 가서 숙제하라며 엄마 할 말만 하지는 않나요?

부모가 보여주고 싶은 세상, 그러나 아이들은 재미없어하는 세상은 사실 어른들의 세상입니다. 역사적으로 중요한 유물, 가봐야 할 장소, 읽어야 할 책 등은 모두 어른들의 관점에서 정해놓은 것이죠. 부모로서 보여주고 싶은 세상에 아이가 흥미를 보이길 원한다면, 부모 또한 아이의 세상에 다가가야 합니다. 아이에게 일방적으로 전달하려 하지 말고, 아이의 세상과 부모의 세상 사이 쌍방적인 교류를 해나가보세요. 아이가 좋아하는 것들에 관심을 보여주세요. 처음에는 시큰둥하던 아이라도 엄마가 지속적으로 자신의 관심사에 호기심을 보이면 어느새가 마음을 열고, 신이 나서 이야기할 것입니다.

자발적인 읽고 쓰기의 비결,
관심 연결에 있습니다

게임 중독에 관련된 내용으로 수업하던 날, 마무리로 하는 글 쓰기 주제를 '게임 중독에 대한 내 생각'으로 할까 하다가 마음을 바꾸었습니다. 그리고 이렇게 말했습니다.

"선생님은 게임은 1도 몰라. 애니팡하고 드래곤 플라이트 조금 해본 게 다야. 게임 1도 모르는 논술 선생님도 너희들이 하는 게임을 해보고 싶어 지도록 게임에 관해 글로 소개해보자!"

말이 끝나기 무섭게 아이들의 눈빛이 바뀌었습니다. 자나 깨나 "몰라요."만 말하던 아이들은 어디 가고, 여학생, 남학생 할 것 없이 진지한 태도로 종이를 채워나갑니다. 게임에 대한 설명, 업그레이드하는 방법, 아이템을 사는 방법과 사야 하는 아이템들, 조작 방법, 캐릭터 소개, 그 게임을 하면 좋은 점 등 항목별로 문단을 나누어 척척 써내려갑니다. 급기야는 쓸 종이를 더 달라는 학생까지 나타납니다.

아무리 다양한 노하우를 동원해도, 평소 글쓰기 시간이면 조금이라도 더 쓰게 하려는 자와 덜 쓰고 싶은 자의 첨예한 눈치 싸움이 있기 마련입니다. 그런 아이들에게 자신이 좋아하는 주제와 잘 아는 내용에 대해 설명하라고 하니 기가 막히게 줄줄 씁니다. 설명문에 대해 가르칠 때는 듣는 둥 마는 둥 하는 줄 알았는데, 게임에 대해서는 정확하게 설명문 형식으로 적어냅니다. 그리고는 하는 말.

"선생님, 제가 이렇게 많이 쓸 줄 몰랐어요. 다 쓰고 나니까 똑똑한 느낌이 들어요."

그렇습니다. 아이들이 읽고 쓰는 걸 싫어하는 이유 중 하나는 주제가 딱히 마음에 안 들기 때문입니다. 하지만 오로지 흥미 위주로만 가르칠 수는 없는 노릇이죠.

그러므로 책의 주제를 아이의 관심과 연결시키는 것이 중요합니다. 아이들이 재미있어하는 것들과의 연관성을 설명하고, 그와 관련된 이야기를 충분히 나누어야 합니다. 호기심을 자극하는 것입니다.

- 선정한 책의 주제가 아이들과 어떤 연관이 있는지 알려줍니다.
- 아이들의 초관심사와 책의 주제를 연관 짓는 화두를 던지고 이에 관해 대화합니다.

일례로 요즘 아이들 사이에서는 아이돌을 뽑는 프로그램의 순위 조작이 화제입니다. 공정성과 정의라는 어려운 주제가 이런 관심사와 결부되는 순간, 수업 시간이 부족하고 쓸 종이가 부족한 상황이 옵니다. 그런가 하면 초등학생들도 모두 외모에 관심이 많은 요즘, 고전 소설 <박씨 부인전>을 외모지상주의와 연관 지어 '얼굴이 밥 먹여주나'라는 화두를 던지면 저마다 할 말이 많아집니다. '아이돌의 외모와 실력은 상관이 있을까' 같은 화두로 이어가면 반응은 폭발적입니다.

이것이 제가 수업 시간에 아이들이 관심을 가지는 세상과 책을 어떻게든 연결 짓곤 하는 이유입니다. 그러기 위해서는 주제와 수업 내용에 관한 유연한 접근이 필요합니다.

첫째, 뉴스, 드라마, 예능, 유튜브 채널, 영화, 애니메이션 등 미디어 속에서 책 주제와 연관될 만한 내용을 찾아보세요. 일단 아는 것이 나오면 '몰라요 바이러스'는 온데간데 없어집니다. "아, 그거 들어봤어요. 근데 그게 뭐예요?"라는 반응이 나오면 성공! "그럼 지금부터 함께 공부해보자."로 이어가면 됩니다.

둘째, 책을 소개하거나 글쓰기 주제를 제시할 경우 첫 질문이 가장 중요합니다. 첫 질문에 따라 아이의 마음이 열리기도, 닫히기도 합니다. 그러므로 가르치고자 하는 주제와 약간 거리가 있더라도 첫 질문은 관심 밀착형 질문으로 시작하세요. 그래야 다소 어려운 내용으로 이어져도 '왜 그럴까' 생각하며 수업을 따라옵니다.

세상을 총체적으로 이해하기 위한 일련의 과정, 그것이 바로 우리 아이들이 앞으로 해나갈 공부입니다. 책에 나오고 교과서에서 설명하는 세상과 내가 연결돼 있음을 느낄 때, 누가 시키지 않아도 아이는 공부를 시작할 것입니다. 관심 연결 독서는 이런 자기 주도적 공부의 초석이 됩니다.

자아 정체성이 형성되는 시기,
저학년 독서 교육이 중요한 또 다른 이유

세상은 끊임없이 변화하고 있습니다. 이 변화에 도전하고 적응해나가는 삶이 있는가 하면, 도전을 포기하고 실패할까 봐 경쟁을 피하며 뒷걸음질 치다 주저앉고 마는 사람이 있습니다. 차이는 자아 정체성과 자존감에서 비롯된다고 생각합니다.

수업 시간에 보는 아이들의 모습에서도 이런 부분이 보입니다. 다소 어렵다고 생각하는 주제를 꺼내면 먼저 눈빛이 초롱초롱해져 호기심으로 다가오는 친구들이 있는 반면, '난 못해, 나하곤 상관없어'라고 지레짐작해서 귀와 마음을 닫는 아이들이 있습니다.

이때 교사와 엄마들의 역할이 중요하다고 생각합니다. 우리가 열쇠 역할을 잘해야 합니다. 바뀌고 변하는 것에 끊임없이 도전하는 사람으로 키우고 싶다면, 한없이 복잡하고 혼란한 시대에 들뜨거나 불안해하지 않고 자기 중심을 가지고 나름의 해답을 찾아나가는 아이로 키우고 싶다면, 자아 정체성이 생기는 저학년 시기 독서 교육에 특히 신경을 써야 합니다.

꼬리에 꼬리를 무는
책 읽기의
비결

말려도 읽고, 쓰지 말라 해도 알아서 쓰게 만드는 노하우

항상 이용하는 지하철역을 지날 때면, 겉으로는 무심한 듯 그러나 실은 매의 눈으로 역사 안팎을 살피곤 합니다. '조명 공사를 하는군.' '광고판이 새로 바뀌었네.' '화장실 청소 아주머니가 새로운 분이시네.' 자주 이용하니 이런저런 변화를 빨리 감지합니다. 그러던 어느 날 새로운 물체가 하나 눈에 띄었습니다. 마치 도서 반납함 같이 생겼는데 책이 들어갈 만한 구멍 같은 것은 없고, 높이는 1미터 정도에 불과합니다. 요리조리 살펴보니 기계 상단에 '긴 글'과 '짧은 글'이라는 두 개의 버튼이 있습니다. 무작정 짧은 글 버튼부터 눌러보자 영수증 재질의 작은 종이가 한 장 출력됩니다. 그 위에는 말 그대로 짧은 시가 적혀 있었습니다. 마냥 신기해서 긴 글 버튼도 눌렀습니다. 그사이 지하철이

나를 두고 가버립니다. 이왕 가버린 지하철! 저는 지하철을 미련 없이 보내고 긴 글 하나를 더 뽑았습니다. 이번에는 이름값대로 제법 긴 소설의 일부가 나왔습니다. 여러 장을 뽑아보니, 누구나 아는 유명 작가의 작품에서부터 처음 보는 작가의 작품까지 다양합니다.

공짜로 멋진 글을 뽑아주는 기계의 이름은 '길 위의 문학 자판기'. 약간의 활자중독 증상이 있는 저에게는 그 자판기가 재미있는 장난감같이 여겨졌습니다. 랜덤으로 나오는 자판기의 출력 버튼을 누를 때면 어떤 글이 당첨될까, 설렘마저 느껴졌습니다. 이거다 싶어 수업 시간에 아이들에게도 소개했더니 몇몇 아이들은 그것 때문에 일부러 지하철을 타러 갔다고 합니다. 마치 흥미진진한 모험담이라도 되는 듯, 문학 자판기 영접담(?)을 풀어놓는 모습에서 그들도 저와 같은 재미를 느꼈다는 걸 알 수 있었습니다.

아이를 독서와 친해지게 하는
재미의 마력

책상 앞에 앉혀놓고 권장도서를 순서대로 읽히는 식의 독서 교육은 진정 효과 있는 교육이라 할 수 없습니다. 독서 교육이 아이의 사고력과 공부 체력의 기초가 되려면 아이 스스로가 꼬리에 꼬리를 무는 책 읽기를 하게끔 만들어야 합니다. 말이 쉽지, 어떻게 그럴 수 있느냐고 요? 아이의 입장에서 다음과 같은 프로세스가 가능해지면 됩니다.

'오늘은 무엇을 배울까?' 독서 교육 시간이 기다려진다.

↓

수업 시간에 못 다 들은 이야기가 궁금하다.

↓

너무 궁금한 나머지 책을 찾아 읽어봤는데, 생각보다 재밌다!

↓

(시리즈인 경우) 그다음 이야기가 진짜 궁금하다. 찾아서 읽어봐야겠다.
/ 이 작가는 또 어떤 책을 썼을까? 다른 책도 한번 읽어보고 싶다.

소소하게는 문학 자판기를 찾는 심경과 같고, 스케일을 키워 보면 마블 시리즈의 다음 편 개봉을 기다리는 마음과도 비슷합니다. 어른 들이 드라마나 영화, 예능 프로그램 또는 오락거리에서 재미를 찾는 것과 마찬가지로 아이에게도 재미요소를 만들어줘야 합니다.

그렇다면 재미요소를 만드는 방법으로는 어떤 것이 있는지, 제 노하 우를 소개하겠습니다.

지하철에 문학 자판기가 있다면,
교실에는 이야기 자판기가 있다!

꼬리에 꼬리를 무는 책 읽기의 비결! 바로 문학 자판기의 버튼을 누를 때와 같은 마음을 만드는 데 있습니다. 문학 자판기가 재미있게 느껴지는 이유는 무엇일까요? 어떤 시가 나올지, 소설의 어떤 대목이 나올지 모르기 때문입니다. 예측할 수 없으니 궁금합니다. 종이가 출력되면 이번에는 어떤 작품의 어떤 대목이 나왔을까 찬찬히 읽어보게 됩니다. 자판기 버튼을 누르기 전부터 설렘과 기대가 있었기에, 출력된 대목에 괜스레 의미를 부여해보기도 합니다. 만약 어느 순간부터 자판기가 몇 개의 비슷한 작품, 비슷한 대목만 출력하기 시작한다면 사람들은 더 이상 출력 버튼을 누르지 않을 것입니다.

같은 이유로 저는 아이들의 흥미를 끌기 위해 항상 다른 이야기, 다른 소재를 준비합니다. 저 자신이 교실 안의 이야기 자판기가 되는 셈입니다. 앞서도 말했듯 아이들은 이야기를 좋아합니다. 책의 줄거리에서 주제나 교훈을 찾는 그런 것이 아니라, 주인공이 있고 관련된 에피소드가 있는 진짜 스토리 말입니다. 그래서 저는 한 가지 책을 소개할 때면 작품의 배경, 작가와 작품에 얽힌 이야기, 이 책을 소개하자니 떠오르는 나의 경험담, 역사적 사실, 비슷한 역사적 사실을 배경으로 한 영화 등등 온갖 스토리들을 준비합니다. 과학 동화를 소개할 때는 비숫한 발상에서 출발한 공상과학 영화부터 요즘 화제가 되는 인공지능과 사물 인터넷 이야기, 미래에 관한 흥미진진한 이야기들을 펼쳐놓습니다.

재미있는 미니 시리즈를 보면 매회 새로운 사건이나 인물이 등장하듯, 책을 소개할 때도 새로운 인물·작가, 글 속 주인공, 실존인물, 영화 캐릭터 등이 등장하는 새로운 스토리가 필요합니다. 물론 매 시간마다 이런 준비를 하기란 쉽지 않습니다만, 아이에게 책을 소개하기 전 최소한 주제나 작품과 관련된 비하인드 스토리 정도는 검색하길 권합니다.

이렇게 관심을 느낀 아이들은 책을 빌려서 읽기도 하고, 관련 주제에 대해서 여러 가지 사후 활동을 합니다. 그리고는 저에게 자랑하고 보고도 하지요.

엄마를 위한 생각

미취학 아동이 책을 보는 시간, 부모는 변사나 성우가 됩니다. 이 시기 아이에게 책은 '읽는'다기보다는 '듣는' 것입니다. 읽는 주체는 부모이고, 부모가 아이에게 책을 들려주는 것입니다.

이제 초등학생이 되었습니다. 읽기의 주체가 아이로 바뀌어야 할 때입니다. 아이가 스스로 읽게끔 하기 위해서는 독서라는 행위 자체가 아니라 독서의 계기에 주목해야 합니다. 따라서 부모의 역할은 호기심과 궁금증, 즉 관심을 만들어주는 것으로 바뀝니다. 독서의 길을 알려주는 안내자이자, 지적 세계의 문을 여는 열쇠가 되어야 하는 것입니다.

말려도 독서 노트를 가득 채워 쓰는
아이들, 비결은?

아이들마다 다양한 습성이 있지만, 그중에서도 청개구리 기질은 어떤 아이든 조금씩은 가지고 있는 것 같습니다. 쓰라고 하면 왠지 쓰기 싫고, 읽으라고 하면 왠지 더 읽기 싫어하는 식입니다. 저는 이 청개구리 기질을 학습에 많이 이용합니다.

책을 읽고 나면 책에 대한 내용, 배경 지식, 관련된 주제 활동 등 충분히 그것에 관해 공부한 후 A4용지에 22줄 정도가 인쇄된 종이를 내줍니다. 그러면 늘 아이들의 협상 시도가 시작됩니다.

"선생님, 이거 진짜 다 써야 돼요? 열 줄만 쓰면 안 돼요?"

초기에는 저도 멋모르고 "당연히 다 채워서 써야지."하는 식의 가슴 답답한 지령을 내렸습니다. 한 글자도 읽기 싫은 아이들과 한 줄도 쓰기 싫은 아이들에게 A4 한 장을 다 채우라는 건 청천벽력 같은 소리일 것입니다. 그야말로 오만가지 인상을 쓰며 온갖 야유를 퍼붓습니다. 담임도 아닌데 교과 선생님이, 담임도 아닌데 방과 후 선생님이 하기 싫은 일을 하라 하니 당연한 반응이지요.

그러던 것이 확 바뀌었습니다. 요즘 제 교실에서는 아이들이 알아서 종이를 꽉 채워내는 경우가 다반사입니다. 비결은 간단합니다. 쓰지 말라고 했거든요. 아이들의 청개구리 기질을 이용한 작전입니다.

저는 일부러 아이들에게 이렇게 말하곤 합니다.

"너희들은 6학년이잖아? 13살이니 13줄만 써. 절대로 그 이상도 그 이하도 넘기거나 부족하면 안 된다."

"너희들은 2학년이니까 9줄만 쓰자."

그럼 이 청개구리들이 난리가 납니다.

"꼭 13줄만 해야 돼요? 저는 할 말이 더 많아서 13줄은 넘어요."라는 아이들에게 "안 돼, 딱 13줄만 쓰자!"라고 하면 영락없이 3분이 2 이상이 빽빽이 써옵니다. 애당초 충분히 쓸 수 있지만 꼭 채워 쓰라면 하기 싫다고 투정 부리던 아이들이, 13줄만 쓰라고 제한하면 기를 쓰고 20줄 이상을 써옵니다. 저의 작전에 완전 말려든 것이죠. 책을 충분히 읽었고, 주제에 대해서 이런저런 조사도 하고, 재밌게 이야기 나누고 영상도 보면서 아는 것이 많아졌는데 13줄만 쓰라고 하니 청개구리가 될 수밖에요. 수다쟁이가 속사포처럼 말하듯, 머릿속 생각을 그대로 종이에 막힘 없이 옮깁니다. 심지어는 웃으면서 쓰고, 다시 웃으면서 자신이 쓴 걸 읽어보기도 합니다. 그리고는 하는 말이 "선생님, 팔은 엄청 아픈데 머릿속에서 계속 할 말이 생겨나서 멈출 수가 없어요. 줄줄이 나와요."라고 말하곤 합니다.

청개구리 작전에 더해서 주제와 관련된 책을 추가로 읽으면 더욱더 칭찬해주고, 글을 쓸 때도 내용 점수, 글씨 점수, 태도 점수 등을 따로 매기곤 합니다. 그 결과, 믿기 어려우시겠지만 저희 교실은 '조용하게,

아이 스스로, 계속 찾아 읽게 만드는 노하우

20여 년간 아이들에게 독서와 논술을 가르치며 얻은 깨달음 중 하나는 알아야 읽고, 알아야 쓰고, 보여야 읽고, 보여야 쓴다는 사실입니다. 책 속의 세상을 세상 밖으로 끄집어내고 세상 밖의 세상을 책으로 집어넣으니 책이 읽히고 글이 써지더라는 것입니다. 그러기 위해서는 다음과 같은 노력이 필요합니다.

첫째, 아이가 아는 세상, 아이에게 보이는 세상의 저변을 넓혀줘야 합니다. 방법은 독서 교육자, 즉 부모가 '이야기 자판기'가 되는 것입니다. 혹시 아이가 모르는 것을 물어보면 어쩌나 걱정하지 마세요. 그러면 함께 검색하고, 자료를 찾아보고, 유튜브에서 영상도 보면서 주제와 연결되는 또 다른 스토리를 발굴하면 됩니다. '엄마표 이야기 자판기'를 불쏘시개 삼아 꼬리에 꼬리를 물고, 연결에 연결로 이어지는 독서가 실현되는 것입니다. 이런 방식은 아이가 능동적인 공부 태도를 배울 수 있다는 점에서도 좋습니다.

둘째, 아이들의 습성을 이용하여 과제를 주세요. 독서 교육은 책 읽기에 그치지 않습니다. 읽고 생각하고 쓰고 말하는 모든 것이 독서 교육이죠. 그런데 아이가 하기 싫어한다면? 제가 사용하는 청개구리 작전을 사용할 수 있습니다. 아이가 독서 및 관련 활동을 완수했나요? 칭찬도 무작정 하는 것이 아니라 항목과 단계를 설정하고, 하나씩 해낼 때마다 정해진 상을 주는 것도 방법입니다. 아이는 마치 게임의 퀘스트(임무)를 완료하듯, 과제를 해내는 데 재미를 느낄 것입니다.

반듯한 글씨로, 풍부하게 내용 꽉 채워' 쓰는 분위기입니다.

첫째도 재미, 둘째도 재미입니다

아이들은 일단 마음의 문이 열리면 무엇을 던져줘도 받아들이고, 어떤 지식이든 척척 흡수합니다. 마음의 문을 여는 가장 좋은 열쇠는 지금까지 설명했듯 '재미'입니다. 재미가 없으면 오래가지 못합니다. 금방 싫증 나고 따분해하고 힘들어하죠.

책 읽기와 글쓰기를 가르칠 때는 독서와 논술에서 느껴지는 딱딱함을 타파할 필요가 있습니다. 아이들의 언어로, 스스로의 관심으로 책을 펼치게 하고 글을 쓰게 해야 합니다. 그래서 저는 때로 나이를 잊고 아이들과 소통하고 공감합니다. 흑역사든 단점이든, 웃기는 모습이든 슬픈 사연이든 거리낌 없이 공개합니다. 다양한 예를 들어주고, 자료를 보여주고, 쉽고 재미있게 설명함으로써 단 한 명이라도 뒤처지는 일이 없도록 연구합니다. 제가 수업 준비에 할애하는 시간이 많을수록 학생들의 몰입도가 더 높아짐을 실감하기에 준비를 소홀히 할 수 없습니다.

제 제자들이 가장 많이 하는 말 중 하나는 "학교와 학원을 통틀어 독서 논술 시간이 제일 빨리 간다."는 것입니다. 요즘 초등생들은 학원 스트레스가 만만치 않다 보니 저희 학원에 오는 것 또한 아이들에 겐 스트레스가 아닐까 걱정되기도 합니다. 그래서 물어보면 거짓말 않 고 0.1초의 망설임도 없이 "아뇨! 논술은 재미있어요."라는 대답이 돌 아옵니다. 학교는 결석해도 방과 후 학교 논술은 오고, 몸이 아파 응급 실에 가도 논술 학원은 오는 아이들이 꽤 있습니다. 왜 이렇게 기를 쓰 고 오냐고요? 지난번에 하다 만 이야기가 아쉽고, 읽다 만 책이 궁금 해서랍니다. 글쓰기가 살짝 귀찮기는 하지만 대개는 호기심이 귀찮음 을 이깁니다. 게다가 계속하다 보니 글쓰기도 썩 나쁘지 않습니다. 척 척 써내려 갈 때면 똑똑하다는 기분도 들고요.

이처럼 어떤 일이든 재미있으면 하고 싶어 지고, 하다 보면 늘고, 실력 이 늘면 더 재미있게 느껴지는 선순환이 일어납니다. 독서 논술도 그렇 습니다. 지속적인 발전의 선순환을 일으키는 요소가 바로 재미입니다.

책을 재미있게 읽히고 싶으신가요? 책장을 펼치고 글자를 읽으라 시키기 전에, 먼저 이렇게 해보세요.

- 표지 구경하기
- 작가의 이야기를 해주며 사진이나 관련 이미지를 찾아보기
- 작가와 나 혹은 주변 사람 간의 공통점 찾아보기
- 작가가 작품을 쓰게 된 배경, 작가나 작품과 관련된 특이한 에피소드를 찾고 그와 비슷한 경험담 공유하기

아이들이 고른 표지를 가지고 한참을 이야기해줘야 합니다. 생각하게 하고 기대하게 만들어야 합니다. "나도 그렇게 해봤는데!", "나는 이런 일이 있었는데!" 등의 공간이 책을 읽게 하고 어운이 느껴지게 만듭니다.

재미있어서 읽기 시작한 책은 두 번이고 세 번이고 읽고, 스스로 비슷한 책을 찾아보게 하고, 더 나아가 알아서 공부하게 만듭니다. 새로운 것에 대한 호기심이 생기는 것입니다. 궁금했던 것이 책에 있고 흐릿했던 것이 선명하게 보이니 책을 주도적으로 찾아 읽습니다. 지나가는 길에 마주친 간판이나, 우연히 본 뉴스에 내가 읽었던 말이 나오면 신이 납니다. 그러다가 '어, 그런데 저 옆에 있는 말은 무슨 뜻이지?'라는 생각에 단어를 찾아보기도 합니다. 브라보! 공부와도 연결되는 감격적인 순간입니다.

김구 선생님은 첫 번째 소원도 자주독립이요, 두 번째 소원도 완전한 자주독립이라 하셨죠. 관심을 독서로 이끄는 방법은 첫째도 재미가 있어야 하고, 둘째도 재미가 있어야 함을 잊지 말아야 합니다. 우리의 소원은 자주 독서요, 완전한 자기 주도 학습이라는 마음으로 재미있는 독서 교육에 도전하십시오.

CHAPTER 2

독서에 재미를 연결하라

게임보다 신나는 책 읽기의 시작

집에 너무 많은 책을 쌓아두지 말라고 권하고 싶습니다. 아이들이 읽고 싶어 하는 책과 부모들이 권하는 책의 거리를 좁히는 것이 급선무입니다. 학년마다 때마다 읽어야 하는 책들이 많기는 하지만, 수십 권의 권장도서를 읽는 것보다 스스로 한 권을 제대로 읽는 경험이 더 중요합니다. 권장도서에 대한 강박을 버리면 아이도 엄마도 즐거운 독서가 됩니다

책을 쌓아놔도
읽지 않는 데는
이유가 있습니다

거실을 서재로 만든다고 아이가 책을 읽게 되는 건 아닙니다

수업을 하면서 아이들에게 제일 많이 하는 질문 중 하나는 "이 책 읽어보았니?"입니다. 그러면 대부분의 경우 이런 답이 돌아옵니다.

"우리 집에 그 책 있어요."

읽었다고 말하는 것이 아니라, 책이 있다고만 합니다. 그러곤 앞다투어 말합니다.

"우리 집은 오~온 거실에 전부 책이에요."

그래서 "거실에 텔레비전이 없나 보구나." 하고 물으면 "그렇긴 한데, 안방에 있어서 매일 거기 모여서 텔레비전 봐요."라고 하는 아이들도 있습니다. 하소연 아닌 하소연을 하는 아이들도 있죠.

"제 방에는 책이 너무 많아 책장이 무너질 것 같아요, 선생님."

"그런데 있잖아요. 이상하게 집에 있는 책은 재미가 없어요. 그리고 딱 읽기 싫어요."

너무 많은 책을 쌓아두지 마세요

어른들이 읽었으면 하는 책과 아이들이 좋아하는 책은 많이 다릅니다. 학년별 권장도서나 추천도서 목록을 뽑아서 읽으라고 주거나 읽기를 추천하면, 이상하게 아이들은 고개를 절레절레 흔듭니다. 반드시 읽어야 하는 책이라고 하는 순간, 읽고 싶지 않게 되는 모양입니다.

사람의 심리란 것이, 평소 즐기던 일도 의무가 돼버리면 부담감이 생기고 하기가 싫어집니다. 아이에게는 권장도서 목록이 그렇고, 꼭 읽어야 한다며 엄마가 사놓은 책들이 그렇습니다. 읽고 싶은 책과 반드시 읽어야만 하는 책 사이에서 엄청난 내적 갈등이 생기는 것입니다.

책을 열심히 읽히는 지인들의 집에 가보면 거실 한 면을 점령한 책장 가득 책이 꽂혀 있는 모습을 보곤 합니다. 부모들은 독서 환경을 잘 조성해놨다 자부하겠지만, 거실에 들어서는 순간 '와, 읽을 책이 너무 많아 행복해!'라고 생각하는 아이는 거의 없을 겁니다.

아이들이 읽고 싶어 하는 책과 부모들이 권하는 책의 거리를 좁히는 것이 급선무입니다. 감히 말씀드리고 싶은 말씀은 집에 너무 많은 책을 쌓아두지 말라는 것입니다. 손쉽게 읽을 수 있는 환경을 만들어 주겠다는 의도는 좋습니다. 그러나 현실은 책을 '당연히 꽂혀 있는 물건', 다시 말해 장식품 정도로 인식하는 것이 대부분입니다. 집 안의 작은 도서관이 실은 엄마들의 현학적 허세가 아닌가 하는 조심스러운 생각이 들기도 합니다.

학년마다 때마다 읽어야 하는 책들이 많기는 하지만, 수십 권의 권장도서를 읽는 것보다 한 권을 제대로 읽는 경험이 더 중요합니다. 거실에 가득 쌓여 있는 책들을 바라보는 엄마 입장에서는 '이게 다 얼마인데' 싶을 수도 있습니다. 그래서 어쨌거나 빨리 읽히고 싶어 합니다. 그러나 그로 인해 아이가 독서를 숙제로, 책 읽으라는 엄마의 말을 돈 아까워하는 잔소리로 인식하게 된다면 오히려 역효과가 아닐까요?

엄마를 위한 생각

아이를 학교 도서관이나 공공 도서관에 보내 놓고 안심하고 계신가요? 진실을 살짝 말씀드리자면, 실제로는 만화방을 방불케 한답니다. 도서관이라는 알리바이 속에서 합법적으로 만화책만 읽는 아이가 대다수입니다. 거의 다 만화책에다가 월간지 위주로 읽지, 줄글이 나오는 동화책을 읽는 학생은 10퍼센트도 되지 않는답니다. 특히 저학년들은 글자가 많아 보이는 책을 좋아하지 않습니다. 이게 현실인데, 텍스트가 빽빽한 책들을 쌓아놓고 읽으라고 하면 어떤 아이가 책을 가까이할까요? 한번 생각해볼 일입니다.

"그 책, 우리 집에 있어요."에서
"그 책 읽어봤는데 재미있었어요."로

'구슬이 서 말이라도 꿰어야 보배다.'라는 속담이 있습니다. 구슬이 아무리 많아도 꿰어야만 아름다운 보석이 되는 것처럼, 집에 책이 아무리 많아도 읽어야 값어치를 합니다. 아이가 읽지 않는다면 그것은 구슬책을 꿰어야 할 이유를 못 찾는 게지요. 구슬을 꿰는 방법을 모를 수도 있고 꿰고 나서의 기쁨을 몰라서일 수도 있습니다. 그렇다면 방법이 있습니다.

● 책장 가득 꽂아놓은 책들을 치우고, 읽히고 싶은 책들만 꺼내놓으세요. 그리고 아이가 관심을 가질 때까지 느긋하게 기다리세요.
● 책을 디스플레이할 때도 고도의 위장술이 필요합니다.
　– 책등만 수두룩 빽빽이 보이면 책이 재미있어 보일 리 없습니다. 아이 눈에 띄었으면 하는 책은 표지가 보이도록 놓아주세요.
　– 마치 서점에서 신간을 디스플레이하듯, 우리 집 고객(아이)의 눈길을 잡아 끄세요.
　– '너 이거 안 읽으면 안 돼.'라는 분위기는 금물! 아이가 흥미를 가질 법한 책들과 엄마가 읽히고 싶은 책을 적절히 섞어서 놓아주세요.

책을 너무 많이 갖춰놓는 것의 문제점은 또 있습니다. 초등학교 저학년 때 전집을 비롯해 열심히 책을 사준 결과, 고학년이 되면 실제 읽을 만한 책들이 고갈되는 것입니다. 그렇다 보니 책 읽기에 대한 관심이 극도로 떨어지고 "그 책 우리 집에 있어요."가 돼 버립니다.

오래전 여고에 근무했을 때의 일입니다. 3명의 자녀를 둔 동료 선생님과 카풀을 했었는데, 그 선생님이 퇴근길에 항상 하는 일이 있었습니다. 도서관에 들리는 것이었죠. 자녀들 학년에 맞는 책들을 추천받아 아이들 성향에 맞게 빌려가는 모습이 마치 어미 새가 먹이를 모아 아기 새들에게 챙겨주는 것처럼 보였습니다. 돌이켜보면 그 선생님은

교과서 속 문학 작품들,
작품을 통째로 읽게 하세요

교과서에는 문학 작품의 일부만 수록돼 있는 경우가 많습니다. 다른 건 몰라도, 교과서에 수록된 문학만큼은 전체가 실린 책을 구해 읽도록 하는 것이 좋습니다. 그것이 작품의 세계에 빠지는 지름길입니다.

작품 전체에는 스토리가 존재합니다. 작품의 메시지는 그 스토리를 관통하는 경우가 많습니다. 즉, 다 읽어야 여운이 남고 메시지가 가슴에 와 닿는 것입니다. 교과서에 수록된 일부 대목만으로는 느낄 수 없는 감동이 마음을 울리기도 합니다.

독서 교육을 하는 제가 보기에도 책 읽기 교육을 참으로 잘하신 것 같습니다. 직장 생활을 하다 보니 아이들과 자주 도서관에 가지는 못하지만, 아이들이 관심을 가지고 재미있게 읽을 만한 책들을 감질맛 나게 공수해줌으로써 아이들 스스로 구슬을 꿰도록 유도했던 것입니다.

각자 형편이나 취향에 따라 책을 쌓아둘 수도, 그때그때 책을 구했다가 반납하거나 처분할 수도 있습니다. 아이만의 책장을 만들 수도, 가족 공동의 서재를 두어 책 읽는 분위기를 조성할 수도 있습니다. 어떻게 하든 괜찮습니다. 독서 환경을 조성하는 방식보다는 그것을 활용하는 방식이 훨씬 더 중요합니다. 집에 책을 많이 갖춰났다고 해서 그걸 '보험'처럼 생각해서는 안 된다는 것입니다. 소장하고 있다고 안심할 것이 아니라, 읽고 소화해내는지를 체크해야 합니다.

어떤 아이들의 경우, 보는 책만 자꾸 재탕하여 읽고 또 읽기도 합니다. 제목이 어렵거나 볼륨이 두꺼운 책들은 묻지도 따지지도 않고 멀리하기도 하죠. 이럴 때는 우연을 가장한 고도의 전술이 필요합니다.

가장 쉬운 방법은, 대화 중 책의 내용을 슬쩍 흘리는 것입니다. 일종의 엄마표 예고편인 셈이죠. 이때 예고편은 아이의 관심을 자극할 수 있는 것이어야 합니다.

책의 메시지를 미리 숙지하고 있다가, 대화 중간에 아이가 고민을 털어놓을 때나 수정해야 할 행동이 있을 때 책을 추천해주는 것도 방법입니다. 자신의 상황이나 고민에 맞는 책을 추천받으면 '한 번 읽어볼까' 하는 마음이 드는 건 어른이고 아이고 똑같습니다. 그런가 하면 아이가 믿고 따르는 사람, 예를 들면 친한 친척이나 이웃에 책 추천을 부탁할 수도 있습니다.

수업 시간에 "이 책 읽어보았니?"라고 물으면 종종 이렇게 대답하는 아이가 있습니다.

"우리 집에 있어요! 물론 읽어보기도 했구요."

듣기만 해도 입가에 미소가 번집니다. 당신의 아이는 어떻습니까?

책에 대한 관심을 끌어내는 엄마표 예고편

앞서 이야기 자판기가 되라는 말씀을 드렸습니다. 읽히고 싶은 책이 있나요? 엄마표 이야기 자판기에 '짧은 글' 버전의 책 예고편을 구비해 보세요. 문학 자판기에서 짧지만 강렬하고 재미있는 글이 나오듯, 엄마표 이야기 자판기에서 읽히고 싶은 책과 관련된 재미있는 스토리를 들려주는 것입니다. 이때, 시큰둥한 아이를 앞에 놓고 주저리주저리 엄마 혼자 말하는 것은 역효과입니다.

그럼 짧고 강렬한 엄마표 예고편을 만드는 노하우를 알려드리겠습니다. 첫째, 캐릭터와 줄거리를 라디오 사연처럼 들려주세요. 둘째, 클라이맥스 끊기 신공을 사용하세요. 궁금증을 증폭시키는 것입니다. 셋째, 아이에게 말해주세요. "엄마도 결말이 궁금해! 같이 한번 읽어볼까?"

세상에 단 하나뿐인
독서 목록을
만들어주세요

권장도서 목록은 잠시 치워두셔도 좋습니다

앞서 책을 쌓아놔도 아이가 읽지 않는 데는 이유가 있음을 살펴보았습니다. 전집으로 꽉 채우거나 아이들의 흥미와 관심을 무시한 책 선정이 오히려 아이들에게 책을 멀리 할 구실을 주지 않았나에 대해 반성해야 할 것 같습니다.

책 읽기를 가르치다 보면, 아이들이 많이 고르는 책의 기준은 따로 있다는 걸 느끼곤 합니다. 어른들의 잣대로 작성한 추천도서나 권장도서가 아니라 '친구가 재미있게 읽은 책'이 바로 그것입니다. 책을 자주 읽는 아이가 그렇지 않은 다른 친구에게 어느 책이 재미있다고 권하면 백발백중, 추천받아 책을 읽은 아이도 재미있어합니다. 그렇게 또래들 사이에 그 책에 대한 소문이 퍼져 나갑니다. 책을 잘 읽지 않는 아이가 이렇게 보게 된 책에 꽂혀서 마니아처럼 두 번, 세 번씩 읽는 경우도 있습니다. 도대체 그 책의 어디에 그렇게 매료되는지 모르겠다고요? 대개는 작품 속 주인공들에게서 자신들과 비슷한 구석을 찾거나, 말하는 어투나 생각에서 공통점을 발견했기 때문입니다. 그러면 단숨에 읽어 버립니다. 그다음 주에도 같은 책을 찾아 읽고, 한참을 안 읽다가도 선택의 순간이 오면 다시 그 책을 집어 듭니다.

권장도서에 대한 강박을 버리면
아이도 엄마도 즐거운 독서가 됩니다

처음에는 알아서 책 읽는 모습이 기특해 보였던 엄마! 그러나 이쯤 되자 마음이 점점 조급해집니다.

'위인전도 읽어야 하고 창작동화, 과학 동화도 읽어야 하며 전래동화, 역사, 인문학, 세계사 등등 읽을 게 얼마나 많은데 똑같은 책을 몇 번씩 반복해 읽는다니?'

'집에 다른 읽을 게 얼마나 많은데!'

'저 역사동화는 3학년이 끝나기 전에 다 읽어야 하는데…'

엄마의 머릿속이 이런 생각들로 가득 찹니다. 결국 참지 못하고 권장도서 목록대로 읽으라고 명령을 내리고 말죠. 아이들과 엄마들의 취향이 서로 다른 노선으로 갈라지는 순간입니다.

다시 한번 말씀드리건대, 권장도서와 추천도서 목록에 대한 강박을 버렸으면 좋겠습니다. 아이들이 재미있어하고 자꾸 읽는 책들을 가만히 살펴보고 어떤 종류의 책을 좋아하는지 관찰해보십시오. 아이가 그 책들의 어떤 부분에 관심을 가지는 것인지 물어보고, 그런 종류의 책을 많이 골라주세요.

반드시 읽혀야 하는, 원하는 책이 아니어도 우선 아이가 재미있어하는 책부터 읽게 하여 독서 습관을 들이는 것부터가 시작입니다. 다만 학습만화 같은 것은 조금 자제시켜야 합니다. 지나치게 흥미 위주로 쓰여진 책 중에는 주제 의식이 아리송한 경우가 간혹 있기 때문입니다. 다 읽고 나도 무엇을 말하려는 것인지 잘 모르겠는 책은 피해야 합니다. 저는 책 읽기에 영 흥미가 없는 아이들에게는 줄글 책만화책이 아닌, 텍스트 위주로 이루어진 책 5권을 읽으면 좋아하는 학습만화책 등을 읽게 해줍니다. 이때 5권의 줄글 책 또한 아이가 재미있게 읽을 법한 책이어야 책 속에 빠져들게끔 할 수 있습니다. 그러다 보면 만화책에서 멀어지게 되고, 글 읽는 습관이 생기며, 줄글 속에도 재미가 숨어있음을 눈치챕니다. 남들이 읽고 있기 때문에, 이 시기에는 이 책을 읽어야 되기 때문에, 다음 학기 교과서에 나오기 때문에 등등의 이유로 권장도서들을 읽혀야만 한다고 생각하는 엄마들이 많은데 오늘부로 그런 강박에서 벗어나십시오. 안 읽어도 큰 일 나지 않습니다.

첫 상담 때부터 권장도서 목록을 요구해온 어머니가 있었습니다. 저는 너무 권장도서 목록에 연연하지 말고 아이가 좋아하는 분야의 책을 먼저 읽게 하라고 조언했습니다. 그럼에도 불구하고 그 어머니는 학원에서도 권장도서 목록 위주로 책을 읽히고 추천해줄 것을 지속적으로 요구했습니다. '수요자 중심이니까 하는 수 없다' 싶어 어머니가 원하는 책 위주로 권유했지만 아이가 읽기 힘들어했습니다. 그러던 어느 날 일요일, 쓰기 숙제를 하는 과정에서 아이에게 많은 실망을 했는지 어머니가 제게 장문의 문자를 보내왔습니다. 요지는 학원에서 아이에게 평소 권장도서를 제대로 읽혔는지 의문이라는 것이었습니다. 그러면서 권장도서들을 제대로 읽혔다면 아이의 수준이 지금보다 훨씬 나아졌을 것이라 진단하는데, 무척 당황스러웠습니다. 흥미가 있어야 실력이 느는 법입니다. 권장도서가 싫어서 책 읽기가 부담스러운 아이의 읽고 쓰기 수준이 떨어지는 것은 당연한 일입니다. 아이의 실력이 늘길 바란다면 신나서 읽고 신나서 쓰게 해야 합니다. 한편, 권장도서에 대한 지나친 믿음 또한 문제입니다. 학년별 권장도서나 추천도서를 잘 살펴보세요. 같은 학년인데도 추천하는 단체에 따라서 그 종류가 완전 달라지는 경우가 많습니다. 내 아이의 적성과 관심을 전혀 고려하지 않은 권장도서 목록은 오히려 아이를 질리게 할 뿐입니다.

아이의 관심사를 반영한
나만의 읽을 책 목록을 만들어 보세요

저는 많은 아이들을 만나고 있습니다. 출강하고 있는 학교 학생들과 작년까지 가르쳤던 방과 후 수업 학생들, 그리고 학원 학생들까지 다 합하면 족히 천 명은 됩니다. 많은 제자 중 특히 기억에 남는 아이는 크게 두 가지 경우입니다. 아주 뛰어나거나, 반대로 읽고 쓰기를 너무나 싫어하는 아이. 방과 후나 학원 수업을 듣는 아이들은 나름대로 마음의 준비를 하고 오기에 저항이 크지 않습니다만, 학교 수업의 경우는 호불호가 정확히 갈릴 때가 많습니다.

그중 유난히도 글을 쓰기 싫어하는 학생이 있었습니다. 한 줄을 쓰게 하는 것도 얼마나 힘든지 나중에는 '이건 선생으로서 내 자존심이 걸린 문제다, 꼭 저 친구가 글을 잘 쓰게 하리라' 마음먹었습니다. 다음 수업 시간, 다른 아이들이 글을 쓰고 있을 때 어김없이 백지를 앞에 놓고 있는 그 아이와 이런저런 이야기를 나누었습니다. 그러다 아이가 자전거를 무척 좋아한다는 사실을 알아냈습니다. 슬쩍 자전거에 관해 말을 시켜보니, 좀 전의 시큰둥하던 모습은 어디로 가고 눈에서 초롱초롱 빛이 납니다. 그 아이는 그냥 자전거 타기를 좋아하는 것이 아니라 자전거의 구조 및 부품에 관해 전문적인 관심을 가지고 있었습니다. 관련 용어를 줄줄 읊어대는 아이에게, 저는 그날의 공통 주제를 무시하고 자전거에 대해서 쓰라고 했습니다. 아이가 물었습니다.

"그래도 되나요?"

"네가 쓸 수 있다면야, 까짓 거 문제가 되겠니?"

"와~! 감사합니다."

그러더니 써 내려가는데 어찌나 빠른 속도로 진지하게 종이를 채워나가는지, 저렇게 잘 쓸 걸 왜 여태껏 안 했나 싶어 배신감마저 들 정도였습니다. 글을 들여다보니 그냥 관심을 가진 정도가 아니더군요. 그 분야의 책을 제법 많이 읽었습니다. 그래서 저도 이런저런 책들과 관련 영화 등을 소개해주었습니다. 그랬더니 글쎄, 그다음 주 수업 시간에 자기가 작성한 도서 목록을 가져와서 저에게 자랑하는 게 아니겠습니까? 저는 하마터면 그 아이를 독서와 글쓰기를 싫어하는 아이로 평가할 뻔했습니다. 관심 있는 분야에 대해서는 소위 말하는 '박사'인

유일무이! 내 아이 맞춤형 독서 리스트 만들기

아이의 관심사를 파악하는 것이 우선입니다. 아이가 흥미를 보이는 특정한 대상이 있다면 쉽겠지만 그렇지 않은 경우 아이와 대화하며 함께 찾아나가야 합니다.

- 직업과 분야 : 인물/직업 카드를 이용해 호기심을 보이는 직종을 찾고, 그 직업과 관련된 분야들로 확장하여 도서, 영화, 행사 등의 정보를 찾아보세요. 예를 들어 아이가 유튜버를 희망한다면 방송, 강연, 기획, 제작 등의 분야로 확장할 수 있습니다.
- 작가와 장르 : 재미있게 본 작품이 있다면 그 작가의 다른 작품, 그 작가의 책을 재미있게 본 사람들이 추천하는 다른 작가의 작품 등을 찾아 목록을 작성할 수 있습니다. 한편, 공상과학, 우주, 역사 등 특정 장르나 주제에 관심을 보이는 아이도 있습니다. 책을 편식한다고 혼낼 것이 아니라 문학과 비문학이 고루 편성되도록 유도해주세요.

아이를 말이죠. 이 아이에게 권장도서 목록을 던져주고 읽었나 안 읽었나 체크하거나, 혹은 집에 있는 전집 번호순대로 읽을 걸 강요했다면 아이는 결코 읽고 쓰기의 기쁨을 발견하지 못했을 것입니다. "검은 것은 글이요, 흰 것은 종이요."라는 태도로 계속 학년만 올라갔겠지요.

그 이후로 저는 이 방법을 자주 써먹습니다. 남학생들은 여학생과 비교해 독서와 논술을 싫어하는 경우가 더 많습니다. 그리고 대부분 스포츠나 게임, 운송수단 등에 관심이 많습니다. 요즘은 유튜브에 대한 관심도 지대합니다. 아이가 어떤 특정한 분야에 흥미를 보인다 싶으면 말리지 말고, 함께 관련 도서를 검색해보세요. 관련된 행사가 있으면 같이 가보고, 서점이나 도서관에 가서 책도 찾아보세요. 그러면서 아이와 함께 읽을 책 목록을 작성하는 것입니다. 관심을 독서와 연결시키는 여우 같이 눈치 빠른 엄마가 돼야 합니다. 그러다 보면 어느 휴일 아침, 읽고 싶은 책 리스트를 뽑아와서는 늦잠 자고 싶어 하는 엄마에게 책 사러 나가자고 조르는 그 날이 훅 다가올 것입니다.

스마트폰은
훌륭한 독서 논술
부교재입니다

스마트폰, 제대로 사용하면 책 읽기가 더 즐거워집니다

평소 수업 태도도 좋고 책도 잘 읽고 글도 잘 쓰고 인사까지 잘하던 중 1 여학생이 학원에 들어서는데 얼굴이 평소와 같지 않았습니다. 너무 슬퍼 보여 조심스레 "영서야, 무슨 일 있니? 얼굴색이 왜 그래."하고 물었습니다.

옆에서 단짝 친구 현지가 친구 눈치를 살피며 귀띔 해줍니다.

"그게요. 영서가 핸드폰을 잃어버렸어요."

순간 저는 적잖이 놀랐습니다. 나라를 잃어버리거나 아니면 실연이라도 당한, 그러니까 엄청난 아픔을 겪은 듯한 표정이었는데 고작 핸드폰을 잃어버려서라니? 저는 마음을 가다듬고 아이에게 이런저런 말을 시키기 시작했습니다. 너무 침울해있어 수업 분위기를 위해서라도 기분을 풀어줘야겠다 싶었던 것입니다. 그런데 이게 웬일인가요. 잃어버린 핸드폰 이야기를 할수록 울상이 되더니 급기야 대성통곡을 합니다. 그 후로도 수업하는 동안 내내 우울한 표정이었는데 그 모습이 귀엽기도 하고 우습기도 하더군요. 어쨌거나 요즘 아이들에게 핸드폰이 얼마나 중요한 존재인지 실감한 날이었습니다.

이뿐만 아닙니다. 늘 수학학원을 거쳐서 저희 학원으로 오는 남학생이 있습니다. 수학학원 자체를 싫어하는 아이라 그 흔한 보조가방 하나 없이 학원 교재인 문제집 한 권만 둘둘 말아 손에 들고 왔다가, 수업이 끝나면 무심히 팔에 끼고 나가는 친구입니다. 수학 문제집을 대하는 그 아이의 태도는 실로 민망할 정도였습니다. 하루는 그 친구가 놔두고 간 문제집을 발견하여 학생 엄마에게 문자를 보내 꼭 찾아가라고 했는데도 오지 않았습니다. 결국 일주일 만인 그다음 주 수업 시간에 문제집을 돌려주었습니다.

"왜 그동안 찾으러 오지 않았니?"라고 물어보니, 문제집이야 학원에서 복사해 쓰면 되고 오히려 숙제를 안 할 수 있는 절호의 기회였다고 자랑합니다. 그러던 어느 날, 이 친구가 수업을 마친 지 5분도 채 안 되어 얼굴빛이 노래진 채 돌아오지 않겠습니까. 낯빛을 본 제가 너무 놀라서 이유를 물으니 핸드폰을 두고 갔다는 것입니다. 어이가 없어 말했습니다.

"핸드폰도 수학 문제집처럼 일주일 있다가 찾으면 되지. 뭘 그리 빨리 찾으러 오냐."

"수학 문제집 하고 핸드폰은 차원이 다르죠. 핸드폰이 없으면 어떻게 살라고요. 내 분신인데…"

"그래, 이제부터 네 분신 잘 챙기고 다니거라."

문제집은 일주일 없어도 걱정은커녕 찾을 생각도 없지만, 핸드폰은 없어진 사실을 알자 말자 0.1초 만에 달려옵니다. 아이들에게 스마트폰이 없는 세상은 암흑의 세계이며 의미도, 재미도 없는 세상입니다. 그건 우리 어른들도 마찬가지죠. 어른들도 스마트폰 없이 생활하는 것을 힘들어합니다. 최재붕 교수가 말하듯 우리는 이미 스마트폰이 낳은 신인류, '포노 사피엔스'들입니다.

스마트폰을 분신과도 같이 여기는 시대, 아이들에게 쓰지 말라 한들 소용없을뿐더러 스마트폰 자체가 기본 커뮤니케이션 수단으로 자리 잡아 안 사줄 수가 없습니다. 앞으로 스마트폰 사용도가 더 높아질 텐데, 무조건 금지할 것이 아니라 적절하게 잘 활용하는 방법을 가르치는 것이 중요합니다.

리틀 포노 사피엔스!
제대로 사용하면 인생이 즐거워진다

아이의 핸드폰 사용과 관련해 규칙을 정해놓은 집들이 많습니다. 사용 시간, 사용할 수 있는 앱, 해도 되는 게임 등. 그런데 이 통제가 엄마의 레이더 망을 벗어나면 감당이 안 되는 경우가 많습니다. 못하게 하니 보이지 않는 데서 더 하고 싶어 지는 것이죠. 그러므로 부정적인 방향으로 통제하고 금지하기보다는, 긍정적인 방향에서 활용하도록 유도하는 것이 바람직합니다. 스마트폰의 순기능은 즉각적인 정보 검색, 편리한 자료 조사입니다. 이를 교육에 활용하고 나아가 중요한 핵심 정보, 정확한 정보를 골라내는 연습을 시키면 이 또한 정보 과잉 시대에 큰 경쟁력이 될 것입니다.

저는 수업 시간에 설명하는 글을 써야 하는 경우, 스마트폰을 검색할 수 있도록 허용합니다. 예를 들어 '내가 다니는 학교'를 주제로 글을 쓸 때, 각자의 스마트폰으로 검색해서 자료를 조사하게 하면 아이들은 매우 흥분합니다. 마치 도둑질을 허락받은 마냥 스릴을 느끼죠. 다니는 학교를 검색해서 교기도 찾고, 교화나 교목, 학생 수, 위치, 역사 등 잘 모르던 사실도 알아냅니다. 다소 지루할 수 있는 설명문 쓰기가 흥미진진해지는 순간입니다. 이런 정보를 종이에 옮겨 구성하는 과정에서 보다 객관화된 글쓰기를 체험하며, 쓰는 내용 또한 스마트폰을 사용하지 않았을 때에 비해 풍성해지는 것을 볼 수 있습니다. 쓰기에 대한 아이들의 태도도 달라집니다. 스마트폰으로 검색할 수 있게 해준데 무척 감사해하며 진지하게 임합니다.

하루는 <홍길동전>을 읽고 홍길동이 꿈꾸던 '율도국'에 대해 공부했습니다. 신분제를 비롯한 조선 사회의 여러 문제점을 지적하고 새로운 나라를 꿈꾼 홍길동과 관련해 저는 이런 주제를 내주었습니다.

'내가 만약 이민을 간다면'

그리고 스마트폰으로 검색해서 가고 싶은 나라를 정하고 그 이유를

아이들이 열광하는
수업 중 검색권

HOW TO

저는 수업 시간에 농담을 자주 하는 편입니다. 그리고 재미요소를 주려고 노력합니다. 그 방법 중 하나가 '쿠폰'을 발행하는 것입니다. 무언가 잘해서 칭찬할 일이 있다면 그에 대한 선물로 '네이버 / 다음 검색권'을 주는 식입니다. 그 외에도 '맑은 하늘 시청권', '토요일에 학교 가지 않기', '○○ 백화점 엘리베이터 이용권' 등을 준다고 하면 뻔한 농담인데도 아이들은 무척 좋아합니다. 이 중 포털 검색권은 실제 수업 시간에 사용할 수 있는 것이라 아이들의 반응이 열광적입니다. 수업 시간 중에 검색을 허용할까 말까 하는 제스처를 취하면 아이들이 먼저 "지난번에 검색권 받았어요"라며 적극적으로 정보를 찾고, 글을 쓰는 태도를 보입니다.

찾아보라고 했습니다. 똑같은 글이라도 살짝 제목을 흥미롭게 정하고 자유롭게 검색할 수 있게 하니 아이들은 환호성을 지르며 반겼습니다. 그러나 그 환호는 곧 심각한 얼굴로 바뀌었습니다. 좋은 정보를 잘 찾는 것도 생각보다 쉽지 않기 때문입니다. 사랑해마지 않는 핸드폰을 손에 쥐어준 터라 투덜거리지도 못합니다. 꼼짝없이 열심히 쓰는 수밖에요.

이미 삶 속에 깊숙이 파고들었는데 못하게만 하는 것은 어불성설입니다. 기성세대인 우리들도 폰으로 알람을 듣고, 폰으로 시계를 보고, 이어폰을 끼고 유튜브 동영상이나 강의를 들으며 출퇴근을 하고, 앱으로 가전기기를 켜고, 송금하고, 각종 생필품을 삽니다. SNS를 통해 세상과 소통하고, 문자나 전화보다 카카오톡을 더 많이 사용합니다. 스마트폰이 나온 게 2007년이니, 지금의 초등학생들은 태어날 때부터 스마트폰이 존재했던 것입니다. 식당에서 가족들과 외식할 때도 탭으로 영상을 보며 밥을 먹은 세대들입니다. 이들에게는 '사용 금지'가 아니라 '잘 활용하는 법'을 가르쳐 주어야 합니다. 책을 검색하게 하고 작가를 조사하게 하고 그 작가의 작품을 검색하게 하고 나아가 오프라인 상에서 찾아 읽게 하면 생각보다 순순히 잘 따라옵니다. 이때 약간의 조삼모사가 필요합니다. 이 작가의 책은 무엇이며 꼭 찾아서 읽어봐야 한다고 알려주는 것이 아니라, 같이 검색해보고 이야기를 나누며 책을 찾게 하는 것이죠. 결론적으로는 어차피 같은 책일지라도, 엄마가 찾아주는 것과 아이가 찾도록 유도해주는 것에는 큰 차이가 있습니다. 우선 아이들의 반응이 그렇게 적극적일 수 없습니다.

아이들을 교육할 때 디지털 문명을 지나치게 배제하는 경향이 있습니다. 무조건적으로 사용을 방치하는 건 문제가 되겠지만 적절히 활용하면 오히려 도움이 됩니다. 순기능을 잘 활용하여 학습에 도움이 되도록 이끌어준다면 더없이 효과적인 부교재가 될 것입니다. 스마트폰이 리틀 포노 사피엔스들에게 좋은 교재로 거듭나도록 부모와 교사들의 연구가 필요합니다.

하루에 한 번은
소리 내어
읽게 하세요

소리 내어 읽으면 재미는 두 배, 효과는 세 배가 됩니다

수업 시간에 책을 소리 내어 읽혀보면 참으로 기이한 일이 일어납니다. 평상시 자기 의견을 야무지게 말하던 아이가 글은 더듬더듬 읽습니다. 저학년, 고학년을 막론하고 문장의 순서를 임의로 바꾸어 읽고, 없는 단어를 제 맘대로 끼워 넣기도 하고, 한 줄을 제대로 읽지 못하고 그 뒷줄과 섞어서 읽기도 합니다.

문장의 순서를 바꾸어 읽는 성향은 주로 성격이 급한 아이들에게서 나타납니다. 마음이 급하다 보니 뒷 문장을 앞으로, 앞 문장을 뒤로 자율 배치하는 것이죠. 평소 엄마가 결과 위주로 대화하는 경우 이런 경향이 많이 나타나는 것을 보고 엄마의 양육 방식이 아이들의 읽기에도 영향을 미친다는 걸 알게 되었습니다.

원래 글에는 없는 단어를 사이사이 끼워서 읽는 경우도 생각보다 많습니다. 늘 붙여서 상용구처럼 쓰는 단어가 그 뒤에 나오리라 미리 짐작하여 읽는 것입니다. 가령 '바빴습니다.'인데 '너무 바빴습니다.'로 읽고, '집에'를 '집안에'로 지어내서 읽습니다. 상상력이 풍부해서 그럴 수 있으나, 그 결과 의미가 달라지기도 하므로 위험한 읽기 습관이 될 수 있습니다.

없는 단어를 만들어서 읽기도 하는데, 이때는 의미를 바꾸어 읽는 경우가 제일 많습니다. 예를 들면 '가지 않았습니다.'는 '갔습니다.'로 바꾸어 읽습니다. 의미를 완전히 반대로 읽어버리는 것입니다. 시험을 치고 답을 맞혀볼 때 제일 많이 틀리는 이유 중 하나가 이것입니다. 반대로 읽어서 틀리는 것이죠. '바른 것을 찾으시오.'인데 옳지 않은 것을 찾는 식입니다. 이런 경험이 학부모들과 아이들 모두에게 있을 것입니다.

저희 학원에서 수업을 받는 2학년 남학생이 있었습니다. 글을 읽혀보니 동화책 한 권을 끝까지 다 읽지 못하고 더듬거리며 문장을 마음대로 바꾸어 읽습니다. 조사를 바꾸거나 내용을 크게 바꾸어 읽지 않더라도 축약해서 읽어버리거나 한 줄을 제대로 읽지 못하고 그다음 줄과 섞어서 읽기도 했습니다. 총체적 난국이었습니다. 고민 끝에 그 반에는 다른 학생들을 받지 않았습니다. 혼자서 1년 넘게 수업을 했죠. 처음에는 동화책을 펴서 한 바닥씩 서로 번갈아가며 읽고, 점차 늘

려 두 바닥씩 읽고, 나중에는 혼자 소리 내어 읽혔습니다. 그렇게 1년을 하니 그제야 혼자서도 제대로 읽더군요.

아이가 어릴 때에는 엄마가 수시로 책을 읽어줍니다. 그러나 초등학교를 들어간 이후로는 그러지 못한 경우가 많습니다. 한글을 떼고 혼자서 글을 읽을 줄 안다고 생각한 엄마는 소리 내어 읽히지 않고 아이가 혼자 읽게 내버려 둡니다. 그러나 눈으로 스캔하고 있는 것과 실제 문해력을 가지고 제대로 읽고 있는 것은 다릅니다.

고학년일지라도 소리 내어 읽혀보십시오. 아이의 읽기 능력을 중간중간 점검할 필요가 있습니다. 저는 오랜 경험으로 책 읽는 것만 봐도 그 학생의 학습 능력은 물론이고 성격과 시험 성적까지 유추할 수 있습니다. 또박또박 제대로 읽는 아이가 공부도 잘하고, 시험에도 강합니다.

소리 내어 한 번 읽으면
3번 읽는 효과를 볼 수 있습니다

소리 내어 읽으면 3배의 효과가 있습니다. 소리 내어 입으로 읽고, 눈으로 보고, 귀로 들으니 3번을 읽는 것과 같습니다. 더 놀라운 사실은 조용히 혼자 읽을 때보다 기억에도 더 잘 남는다는 것입니다. 실제로 소리 내어 읽을 때 뇌파가 가장 활발히 움직인다고 합니다. 소위 묵독 속으로 읽는 것할 때보다 낭독소리 내어 읽는 것할 때, 자신의 목소리를 귀로 듣게 되므로 뇌의 기능이 한꺼번에 사용돼서 뇌를 활성화시켜 기억력과 독해력, 집중력이 향상된다고 합니다. 요즘에는 이를 응용한 소리 독서법도 많이 나오고 있습니다.

미국의 한 고등학교에는 다른 학교에 비해 학습 부진아가 많았다고 합니다. 고민 끝에 그 학교 국어 선생님은 각 반마다 소리 내어 국어 교과서를 읽게 했답니다. 그랬더니 학생들의 성적이 많이 향상됨은 물론, 대학 진학률도 이전에 비해 월등히 높아졌다고 합니다. 책을 소리 내서 읽은 것만으로 얻어진 놀라운 결과입니다.

저 역시 수업 시간에 책을 읽을 때면 각자 조용히 읽는 것이 아니라, 반드시 소리 내어 돌아가며 읽게 하고 있습니다. 한 교실에서 집중하여 같이 읽다 보면 머릿속에 책의 내용이 그대로 저장될 정도로 몰입도가 높아집니다.

눈으로 읽고 마음으로 읽으면
책과 친구가 됩니다

모든 책을 소리 내어 읽을 필요는 없습니다. 그러나 간단한 시집은 낭독하면 읽는 즐거움이 배가 됩니다. 하루에 한 번, 시나 짧은 동화를 소리 내어 읽는 훈련을 시켜보세요. 자주 소리 내어 읽다 보면 문장의 의미와 구조를 이해하는 능력이 향상됩니다. 그에 맞춰 읽는 호흡을 조절할 수 있게 되고, 어디에서 끊어 읽어야 할지, 어디서 강조해 읽을 지 스스로 인지하게 됩니다.

글의 의미를 모르고 읽는 학생들의 또 하나의 특징은 뚝뚝 끊어 읽 는다는 것입니다. 같은 반 친구들도 듣고 있기 힘들어할 정도죠. 반 대로 의미를 잘 이해하는 친구들은 정확히 읽는 데다 그 속도도 알맞 고, 감각적으로 표현하므로 듣는 이나 말하는 이가 행복한 읽기가 됩 니다. 자연스럽게 읽는다는 것은 사고의 흐름이 자연스러움을 의미합 니다.

잘 듣는 아이가 공부도 잘합니다. 수업 시간에 학생들을 집중시킬 때 늘 물어보는 말이 있습니다.

"귀는 두 개인데 입은 왜 하나일까?"

종종 "입이 두 개면 밥을 많이 먹으니까요."라며 농담하는 아이도 있지만 대부분은 정답을 맞힙니다. 말하기보다 듣기가 더 중요하다고 말입니다.

소리 내어 읽는 목소리를 자기 귀로 듣고, 마음으로 확인하며 읽다 보면 아이는 성장합니다. 반복해서 읽는 것도 추천합니다. 흥미 위주의 학습 만화를 제외하고 감동 깊게 읽은 책은 여러 번 읽어도 무방합니다. 같은 영화를 두세 번 봐도 볼 때마다 기억나는 장면이나 감동적인 장면이 다르듯이 책도 그렇습니다. 이처럼 소리 내어 읽기의 위력을 알고 한 가지씩 실천해 보면 가랑비에 옷 젖듯, 분명 좋은 결과가 도래할 것입니다.

잊지 말아 주세요. 책과 친구가 되는 방식은 입으로 소리 내어 읽고 눈으로 읽고 마음으로 읽는 것입니다. 아이가 읽고 싶은 책을 편안한 자세로 소리 내 읽는 모습을 보면 입가에 미소가 번집니다.

한 권이라도 더 읽게,
한 줄이라도 더 쓰게 하는
칭찬의 힘

엄마의 칭찬과 격려, 그 자체로 아이에게는 동기 부여가 됩니다

미술시간이 끝났는데도 베티는 아직 도화지에 손 하나 대지 못하고 있었습니다. 베티에게는 미술 시간이 지옥입니다. 자신은 그림을 잘 그리지 못한다고 생각하기 때문입니다. 꼼짝 않고 앉아 있는 베티에게 미술 선생님은 환히 웃으며 빈 도화지를 보고 "와, 눈보라 속에 북극곰을 그렸네."라고 합니다. 자존심이 상한 베티는 놀리지 말라고 하다가, 선생님이 점이라도 찍으라고 하자 점을 힘차게 내리꽂습니다. 그러자 선생님이 말합니다.

"자, 여기 네 이름을 쓰렴."

이후 미술 선생님은 형편없이 내리찍은 점을 금테 액자에 넣어 교무실에 걸어둡니다. 자존심 센 베티는 그 모습을 본 뒤, 더 잘 그릴 수 있

다며 온갖 다양한 점을 그리기 시작합니다. 한 번도 써보지 않았던 물감을 창의적으로 이용해 다양한 점을 그리고 교내 전시회도 가집니다. 미술 선생님의 칭찬이 베티로 하여금 물감을 만지게 했죠. 그렇게 베티는 다양한 점을 그리는 꼬마 화가가 됩니다. ≪점≫이라는 피터 레이놀즈의 동화입니다.

이 작품은 저의 '가르침의 인생'에 있어 커다란 전환점이 되었습니다. 여태까지 잘 쓰고 잘 읽는 아이에게만 집중했다면, 이 작품을 읽고 난 뒤로는 못 쓰는 아이들, 죽어도 쓰기 싫다는 아이들에게도 집중하게 되었습니다. 쓰기 싫어하는 경우, 여학생보다 남학생이 훨씬 더 힘들어합니다. 정말이지 연필조차 들기 싫어라 하죠.

그때마다 베티의 미술 선생님이 한 것처럼 해보았습니다. 한 줄만 써도, 말이 안 되게 써도, 심할 정도로 오버해서 칭찬을 했습니다. 아이들이 그럴 때는 참 단순하다 싶습니다. 1~2학년들은 정말 잘 썼다고 칭찬하면 "내가 그렇게 잘 썼어요? 이것보다 더 잘 쓸 수 있는데요."라며 다른 글도 써냅니다. 현실 세계에서 제2의, 제3의 베티가 탄생하는 순간입니다.

안 그래도 쓰기 싫은 걸 겨우 썼는데 선생님이 인상을 팍 쓰고 "이게 글이니?", "글씨는 이게 뭐야.", "말이 앞뒤가 안 맞잖아. 글자는 또 왜 틀리고 그래.", "3학년이 아직도 한글을 모르는 게 말이나 되니?"라고 말한다면 아이들은 결단코 연필조차 들지 않을 것입니다. 어설프지만 고사리 같은 손으로 한 글자 한 글자 눌러썼다고 생각하면 감동이 아닐 수 없습니다. 이때 저의 역할은 칭찬을 퍼부어주는 것입니다. 자신 없어하고 힘들어하는 아이를 보면 "정말 잘 썼어! 글씨만 반듯하면 더 멋질 것 같은데."라고 말해줍니다. 그러면 그다음 수업 시간, 종이 위의 휴먼 졸림체는 진지한 궁서체로 변신해 있습니다.

엄마를 위한 생각

공개수업을 할 때나, 학원 수업이 끝나고 아이의 학습 상황이 궁금해서 아이들의 글이나 교재를 본 엄마들의 반응은 대개 두 종류로 나뉩니다. 설사 실망했더라도 속마음을 숨기고 "잘했네."라고 칭찬해주는 경우, 그리고 교사가 옆에 있음에도 불구하고 글씨가 이게 뭐며 내용이 왜 이렇냐며 5G급 스피드로 핀잔주며 혼을 내는 경우죠. 후자의 경우 아이는 자연히 '나는 글을 못 쓰는구나.'라고 생각합니다. 읽고 쓰는 것과 관련해 자신감은 물론 자존감마저 확 떨어지는 거죠. 세상에서 제일 사랑하는 사람, 엄마에게 신랄한 평가를 받으니 기분은 당연히 안 좋을 것입니다. 그리고 다짐할 겁니다. '치, 그러게. 난 책 읽기도 글쓰기도 원래부터 못한다니까. 다시는 쓰나 봐라.' 아이가 책 읽으라면 꽁지를 빼고 글쓰기 하라면 온갖 심통을 부리나요? 원래 그렇게 태어나는 아이는 없다는 걸, 읽고 쓰는 재능은 엄마가 계발해주기 나름이라는 걸 염두에 둘 필요가 있습니다.

콩깍지를 쓰세요,
못 할수록 격려하세요

못 했을 때 혼내기는 쉬워도 잘했을 때 적절한 타이밍에 칭찬하기란 여간 어렵지 않습니다. '조금만 더 잘했으면 2등이 1등이 되었을 텐데.' '조금만 더 노력했으면 우수가 최우수가 되었을 텐데.' 이렇게 생각하는 순간, 칭찬을 꺼내다가도 불쑥 기분 나쁜 평가의 말을 해서 아이의 기를 팍팍 죽일 때가 많습니다. 그러다가 마음이 상한 나머지 서로 상처 주는 말을 하다 울음바다가 되기도 합니다. 마음이 상해서 울다가 잠든 아이를 보고 '참을 걸 그랬나? 그냥 칭찬해주면 좋았을 걸' 하고 괜히 미안한 마음에 자는 아이 머리를 쓰다듬고 뽀뽀도 해줍니다. 엄마들은 한두 번쯤 다 이런 경험이 있을 겁니다.

범고래 '샴'의 공연을 본 후, 칭찬이 가져다주는 긍정적인 변화와 인간관계, 그리고 동기부여 방법에 대해 깨달은 점을 흥미로운 이야기로 풀어낸 ≪칭찬은 고래도 춤추게 한다≫라는 책이 있습니다. 전 세계에 칭찬 열풍을 일으킨 베스트셀러로, 칭찬 기술의 오리지널 교과서로 불리는 책입니다. 몸무게 3톤이 넘는 범고래가 관중들 앞에서 멋진 쇼를 펼쳐 보일 수 있는 것은 고래를 대하는 조련사의 긍정적 태도와 칭찬이 있었기 때문이라고 저자는 말합니다.

한 동작 한 동작을 완성할 때마다 조련사는 더 많은 칭찬, 다시 말해

'당근'을 줍니다. 그럼 돌고래는 더 힘차고 멋지게 한 바퀴를 돕니다. 그에 대한 보상으로 조련사는 고래가 정말 좋아하는 것을 듬뿍 줍니다. 아이에게도 마찬가지입니다. 자녀들에게 아낌없이 당근을 주세요. 그래야만 행동이 수정됩니다. 교사가 아이의 행동에 대해 간단히 브리핑하면 그 짧은 시간도 놓치지 않고 자녀를 혼내는 엄마들이 있는데, 옳지 않습니다.

읽기 싫었을 텐데 읽었다는 사실을 칭찬하고, 쓰기 싫었을 텐데 이만큼이나 쓰느라 힘들었겠다고 격려한다면 아이는 눈에 띄게 달라질 것입니다. 눈에 사랑의 콩깍지를 쓰고 애정과 격려를 듬뿍 표현해주세요. 생각보다 엄마의 칭찬에 목말라 있는 아이들이 많습니다. 늘 엄마에게 잘 보이고 싶고 엄마에게 칭찬받고 싶어 합니다. 그래서 글을 쓰다가도 지우개로 몇 번씩을 지우고 또 지우고 합니다.

앞서 이야기한 《칭찬은 고래도 춤추게 한다》의 저자 켄 블랜차드는 칭찬 10계명을 이야기합니다. 그중에서도 저는 8번째, '일이 잘 풀리지 않을 때 격려하라.'라는 말을 마음에 새기고 있습니다. 베티의 미술 선생님처럼, 눈보라 속의 북극곰을 찾아내는 부모와 교사가 많아지기를 바랍니다.

수업을 하다 보면 평소엔 잘 못 하던 아이가 생각지도 못하게 창의적이고 좋은 결과물을 낼 때가 있습니다. 그러면 저는 감동하여 아이의 글을 핸드폰으로 찍어서 엄마에게 보냅니다. 다음 수업 시간에 아이를 만나 "엄마한테 칭찬받았니?"하고 물어보면, 아뿔사, 그 와중에도 잘못된 꼬투리를 찾아내는 놀라운 능력의 소유자들이 계십니다. 진심으로 당부하고 싶습니다.

"어머니, 콩깍지 쓰고 당근을 꺼내 주세요. 제~발!"

아이들에게는
아이들만의
세상이 있습니다

아이들의 세상 속으로 손을 내밀면, 아이는 분명 그 손을 잡을 것입니다

한창 수업 중인데 몇 명의 여학생들이 자기들끼리 눈빛을 교환하다 저의 레이더 망에 딱 걸렸습니다. 도끼눈을 하고 이유를 묻자 아랑곳하지 않고 약속이나 한 듯 이구동성 외칩니다.

"5, 4, 3, 2, 1! 땡!"

"선생님, 우리 방탄 컴백 시간이에요."

"아~, 너무 좋아요!"

"그걸 꼭 수업 시간에 이야기를 해야 하니."라고 하자 이런 대답이 돌아옵니다.

"선생님이 논술을 잘하려면 세상에서 일어나는 일들에 관심을 가지라고 하셨잖아요?"

제가 수업 시간에 한 말이니 변명할 여지가 없습니다. 무엇이든 물어보면 '몰라요, 기억이 안 나요.'라며 시큰둥하던 아이들의 완전히 다른 면모는 이런 식으로 드러납니다. 좋아하는 대상에 대해서는 상상 초월, 열광적일 수 있는 것이 아이들입니다. 아이들의 관심사와 어른의 관심사 사이 간격을 좁히는 것이 대화를 늘릴 수 있는 방법이며 공감 교육으로 가는 지름길입니다.

아이들의 관심사를 공부하고
아이들의 언어로 다가가세요

아이들이 관심 없어하는 주제나 싫어하는 주제를 어떻게 하면 그들의 세상에 맞게 바꿔서 열광하게 하느냐, 이게 제 고민입니다. 그래서 수업 시간에 제시할 화두를 찾기 위해 온갖 자료들을 모읍니다.

예를 들면 이런 식입니다. 방탄소년단의 컴백 시간을 외운 후 수업 시간에 다짜고짜 "4월 12일 6시가 무엇일까?"라고 물었습니다. 그리고는 마치 이전부터 알고 있었던 듯 능청스럽게 자문자답했습니다.

"2019. 4. 12. 금요일 6시는 그들이 다시 오는 날이지."

아이들의 눈이 동그래집니다.

"대~박! 선생님 짱!"

"그렇지? 나도 너희들의 관심사에 대해 연구를 하고 공부했으니 너희들도 우리 사회에서 일어나는 일들에 귀를 기울여보자."

저에게 아무 상관없는 아이돌 그룹의 컴백 사건이 그들에게는 큰 이슈이므로 관심을 가지고 이야기해줘야 합니다. 그 관심을 이용해 다른 세상사에 대해서도 생각해보고, 비교해보고, 걱정해보고, 대안을 찾아보고, 결론 내리도록 하는 것이 논술입니다.

특히 어려운 주제의 책을 다뤄야 하는 경우, 우선 아이들의 언어로 그들의 관심 세계에 과감히 발을 내디뎌야 합니다. 같은 관심을 공유하고 있다는 인식을 먼저 가지게 하고, 그다음에 해당 주제로 유도하면 저항 없이 수업의 전개를 따라옵니다. 새로 배우는 주제에 대해서도 호기심을 가지고 수업에 임합니다. 일종의 보이지 않는 거래를 하는 것이죠.

님비현상, 외모지상주의, 대기오염, 양성평등문제, 인종차별, 일등지상주의, 자연재해, 봉사활동, 경제 이야기 등등 전혀 관심이 없었던 주제라도 화두를 어떻게 꺼내고 아이들의 관심과 생활에 어떻게 연결시키느냐에 따라 말의 방향이 달라지고 글을 쓰는 태도가 달라집니다. 글로 가르치려 들지 말고 경험과 실생활에 적용해서 이야기해주면 효과는 200배입니다. 님비현상이 뭔지도 모르고 냄비현상이라 읽던 남학생이 어느새 '우리 동네에 생기지 말아야 할 시설'이라는 주제로 글을 쓰고 발표도 합니다.

타인에 대한 사랑, 세상에 대한 관심을
끌어내는 것이 독서 교육의 역할

20년 가까이 논술을 가르치면서 스스로 자문하는 경우가 많았습니다. '논술은 과연 무엇일까? 논술이 도대체 무엇이길래 이렇게 온 국민이 관심을 가지고 학원이 생기며 학교 수업으로도 편성되는 것일까?' 오랜 고민을 거쳐 얻은 결론은 '논술은 사랑'이라는 것입니다. 갑자기 웬 뜬금없는 말이냐고요?

아이에게 책을 읽히고, 글을 쓰게 만드는 궁극적인 이유는 다름을 이해하고 세상을 이롭게 하는 사람으로 키우기 위해서입니다. 그래서 책을 통해 남과 다른 피부색, 남과 다른 가정환경, 남과 다른 외모 등 다름에 대해서 배우고 공동체 생활에 대해서 배웁니다. 사회적 문제와 각종 화두들을 주제별로 읽고 쓰며, 갈등의 해결방법을 고심하고 토론합니다.

책을 통해 아이들은 안네의 일기를 읽으며 펑펑 울기도 하고, 빨간머리 앤과 같이 웃어도 보고, <토끼전>의 토끼가 되어 자라를 놀려보기도 하고, 로빈슨 크루소가 되어 아주 오랫동안 섬에 갇혀 생활해보기도 하고, 샬롯이 되어 거미와 우정을 나눠 보기도 합니다. 그 과정에서 아이들은 안네에 이입하고, 앤을 사랑하고, 로빈슨 크루소를 안타까워하는 등 나와 다른 존재에 감정을 품는 경험을 하게 됩니다. 그래서 멀리 떨어진 나라의 역사에도 관심이 생기고, 어른들의 사회 문제도 살펴보게 되며, 간섭도 해보고 욕도 해보고 주인공과 같은 편이 되어 함께 힘껏 싸워보기도 합니다. 이것이 바로 독서와 논술입니다. 그래서 '논술은 사랑'이라는 것입니다.

사랑의 눈으로 사회를 바라보는 것, 어떻게 이루어져야 하는지를 제대로 알고 연구하고 살펴보는 것이 독서 논술 교육의 요지입니다. 사회 제반현상에 관해 초등학생들의 기준과 시각으로 공부하고 써 내려간 글을 보면 '아, 이 아이들이 마음만은 더 이상 어린아이가 아니구나.' 하는 것을 느끼곤 합니다.

책을 유창하게 잘 읽고 그 의미를 정확하게 파악하며 자신의 의견을 또렷하게 잘 말하는 것은 눈에 보이는 성과입니다. 그 이면에는 함께와 공감, 사회적 역할에 대해 쉼 없이 배우며 성장하는 아이의 내면이 있습니다. 다시 말해, 성과는 곧 내적 변화의 결과물인 것입니다.

아이의 내적 변화를 인도하고 싶다면, 먼저 아이의 내면에 손을 내밀어야 합니다. 그들의 세계에 다가가 손 내미는 친절한 안내자가 된다면 아이들은 그 따뜻한 손을 결코 외면하지 않을 것입니다.

지루한 주제도
세상 재미있는
이야기로 만드는 법

항상 읽고 싶은 것만 읽게 할 순 없죠, 그래도 재미있게 읽힐 수 있답니다

"선생님은 우리가 아는 걸 많이 알고 있어서 좋아요."

"선생님은 그것도 아세요? 헐, 대박!"

아이들이 자주 쓰는 언어나 그들끼리 공유한다고 생각되는 것을 수업 시간에 무심한 듯 툭 던지면 아이들은 무척 반가워하며 제 말을 잘 듣습니다. 이런 경향은 저학년들보다 고학년들에게서 더 강합니다. 그들끼리 공유하는 언어를 사용해주면 교사를 자기편이라고 생각하며 이야기에 끼워줍니다.

독서와 논술은 재미없는 것이란 고정관념이 있습니다. 몸으로 하는 체육도 아니요, 즐겁게 노래할 수 있는 음악도 아니고, 그리고 만드는 미술도 아니죠. 안 그래도 어쩔 수 없이 해야 하는 수학, 영어 공부도

지겨운데 책상 앞에 앉아 책 읽고 글쓰기 하라니, 아이들에게는 그야 말로 스트레스입니다. 이런 아이들의 고정관념을 타파하고, 독서 논술 을 즐겁고 재미있는 공부로 바꿀 방법이 없을까요? 아이들이 싫어하거 나 흥미를 느끼지 못하는 주제를 가지고, 책을 읽게 하고 글을 쓰게 하 고 입을 열어 토론하게 하려면 어떻게 해야 할까요?

정답은 '아이들의 언어로 바꿔서 재미를 느끼게 하라!'는 것입니다. 재미가 있어야 능률이 오르고 성적도 잘 나오는 법입니다.

재미 주기 노하우 ①
형이상학적인 단어는 예시 + 개사 놀이로

가르치는 말을 아이들의 언어로 바꾸기 위해서는 말에서 권위를 쏙 빼내야 합니다. 요즘은 발육 상태가 좋아서 6학년쯤 되면 제 키를 훌 쩍 넘게 자란 학생들이 많습니다. 비슷한 덩치의 선생님이 자기들의 언 어로 이야기하니 마치 친구와 이야기 나누는 기분이라고 합니다. 그러 니 '이게 맞을까 저게 맞을까, 틀리게 말하면 혼나지 않을까' 같은 생각 없이 자유롭게 묻고 말합니다.

권위를 뺀다는 것은 교사로서의 권위를 가지되, 설명할 때 아이들의 눈높이에 맞추는 것을 말합니다. 저는 주로 예시를 들어 이야기 형식으로 설명하는 데, 이 또한 아이들 눈높이에서 그들의 관심사와 연결시켜 찾습니다. 어려운 주제, 흥미 없어하는 주제일수록 더 많이 연구합니다.

'편견'을 설명해야 한다고 가정해 보겠습니다. 우리가 당연히 알고 있을 것이라 생각하는 단어의 뜻을 아이들은 모르는 경우가 생각보다 많습니다. 이럴 때는 교실에 보이는 물건 하나를 집어 듭니다. 마침 책상 위에 리모컨이 있군요.

"리모컨의 옆면만 보면 그냥 밋밋한 직사각형이야. 윗면만 보면 각종 작은 숫자와 영어 알파벳의 버튼이 있지. 뒷면에는 아무것도 없고 건전지를 끼우는 장치만 있어. 그런데 누군가 리모컨의 한쪽 면만 보고 다른 면도 다 똑같이 생겼을 거라 생각하고 리모컨은 이렇게 생긴 거라고 우기면 어떨까? 이런 식으로 생각하는 걸 편견이라고 해. ··· 이처럼 한쪽 면만 보면 전체를 알 수 없어. 전체를 보지 않고 한 면만 보고서는 그 사람을 판단하거나 사물을 정의 내리는 건 위험한 일이야. 그래서 편견을 버리고 생활해야 해."

이제 편견이 무엇인지 그리고 그것의 위험성에 대해 알았습니다. 그렇다면 이 어렵고도 철학적인 주제로 아이들이 글을 쓸 수도 있을까요? 저는 학교 교가에다 '편견을 버리자.'는 내용을 넣어 개사를 해보게끔 합니다.

이처럼 형이상학적인 단어를 예시를 들어 설명하고, 아이들에게 익숙한 노래를 이용해 개사하게끔 하면 훌륭한 결과물들이 나옵니다. 아이들에게는 '노래 가사 바꾸기 놀이'로 인식되는 이것은 실제로는 개념을 심어주고, 적용해보게끔 하는 교육입니다.

자, 개사한 노래를 큰 소리로 부르다 보니 마치 '편견을 버리자.'는 캠페인송처럼 되었습니다. 이제 쉬는 시간마다 복도에서 흥얼거리는 소리가 들려옵니다. 그렇게 '편견'이라는 단어와 그것을 버려야 하는 이유가 아이들의 머릿속에 완전히 자리 잡습니다.

만약 제가 편견이라는 어휘를 교과서적으로 설명하고, 관련된 책을 간단히 소개하고, '편견을 버리자.'라는 주제로 글을 쓰라고 하면 아이들은 5줄도 안 쓰고 반항할 것입니다.

"못 쓰겠어요."

"주제가 너무 어려워요."

"이래서 제가 논술을 제일 싫어하는 거라고요."

안 봐도 비디오죠, 이런 원망이 저를 향해 날아들 것입니다.

그러나 위와 같은 방식을 사용하면 결과는 정반대가 됩니다. 아이들은 '내가 이렇게 잘 쓰다니' 하고 스스로 대견해합니다. "마법을 부린 것처럼 많이 썼어요!"라며 뿌듯해하는 아이들도 있습니다.

재미 주기 노하우 ②
내가 아닌 다른 사람 되어 보기

아이들이 글을 쓸 때에는 아이들에게 역할을 주세요. 예를 들면 이런 식입니다.

"노래 가사를 바꾸는 너희들은 작사가, 나는 글을 잘 쓰게 하는 마법사! 우리는 작사가 놀이랑 마법사 놀이를 하는 거야. 글쓰기 안 하고 떠드는 사람 이름 적기 놀이도 할까?"

어찌 보면 유치한 말장난인데도 아이들은 재미있어하며 글을 씁니다. 그래서 글쓰기 시간마다 "선생님! 오늘은 우리가 뭐가 되는 놀이를 하는 거예요?"라고 묻습니다. 다른 무엇이 되어보기가 싫지만은 않은가 봅니다. 생각해보면 정말 다양한 놀이 겸 공부를 하고 있습니다.

- 소설과 동시 등 다양한 글을 쓰는 작가 놀이
- 음식에 관한 글을 쓰는 요리사 놀이
- 편리한 아이디어를 적는 발명가 놀이
- 영화를 보고 글을 쓰는 영화평론가 놀이
- 여행을 다녀와서 글을 쓰는 여행작가 놀이 / 탐험가 놀이

이렇게 수없이 많은 놀이의 이름을 짓고 글을 씁니다. 그러면 믿기

어렵겠지만, 글 쓰는 아이들의 표정이 정말 행복해 보입니다.

6학년 수업이 있었습니다. 김구 선생님의 '나의 소원'이라는 연설문

삐뚤빼뚤, 미운 글자를 반듯반듯, 예쁜 글자로 바꾸기

지렁이가 기어가는 듯, 내가 발가락으로 써도 이것보다 낫겠다 싶은 아이의 필체에 한숨 쉬는 부모님들이 많습니다. 글씨를 왜 이렇게 쓰냐고 면박 주는 식으로는 절대 바뀌지 않습니다. 글씨를 왜 바르게 쓰라는 건지, 엄마의 말이 이해가 되지 않는 아이에게는 소 귀에 경 읽기입니다. 이런 경우 저는 다음과 같이 설명합니다.

"엄마가 진짜 맛있는 음식을 하셨어. 그런데 그 음식을 지저분한 플라스틱 그릇에 대충 담고, 먹으라고 맨바닥에 툭 던져줬어. 그럼 맛있는 음식이 되게 맛없는 음식처럼 보여서, 먹어도 그렇게 맛있게 느껴지지 않을 거야. 반대로 예쁜 접시에 예쁘게 담고, 그 위에 꽃도 올리고 하면 맛이 배가 될거야. 고급스러운 음식을 먹는 것 같아서 실제보다 훨씬 맛있게 느껴지겠지? 글씨도 마찬가지야. 내용이 약간 부족해도 정성스럽게 쓰면 잘 쓴 글처럼 보이고, 아무리 좋은 내용을 써도 휴먼 졸림체 + 발가락체로 쓰면 글씨 때문에 멋진 내용이 보이지 않아. 그러니 내용이 더 잘, 멋있게 보이게 글을 쓰면 좋겠지?"

이렇게 말하면 그때부터 연필에 침만 안 발랐다 뿐, 얼마나 정성스럽게 꼭 꼭 눌러가며 쓰는지 모릅니다.

을 읽고 연설문의 특징을 알아보고 마지막으로 연설문을 써보는 것이 수업 과정이었습니다. 참으로 재미없고 지루한 단원입니다. 아이들은 재미가 없으면 일단 떠들고 이단 고개외 자세가 삐딱해집니다.

"연설문은 대중을 향해서 연설할 내용을…", 어쩌고 저쩌고 설명하면 교실은 벌써 장터입니다. 그래도 진지하게 본문을 읽고, 이어서 유명한 연설을 보여줍니다. 이때 마틴 루터 킹, 버락 오바마, 스티브 잡스 등의 연설을 틀어주면 아이들은 무척 흥미로워합니다. 이런 게 바로 대중을 향해 다수에게 자신의 생각이나 신념을 전하는 글이라고 설명합니다. 그리고는 마지막 단계에서 기업의 회장이 되어서, 반에서 회장 선거에 나간다고 가정하고, 또는 국회의원이나 대통령이 되어서 연설문을 써보라고 합니다.

조용하고 얌전한 그러나 자기 주장이 강했던 한 여학생이 있었습니다. 그 아이가 수업 시간에 전교회장 연설문을 작성했는데 글의 완성도가 제법 높기에 "와~, 2학기 때 전교회장 연설문으로 딱인데."라고 했습니다. 그러자 무슨 말도 안 되는 소리냐며 자신은 회장 나갈 생각이 전혀 없다고 딱 잘라 말하더군요. 그런데 웬일입니까? 며칠이 지난 후, 2학기 회장 후보로 그 아이가 출마한 것입니다. 연설문을 쓰면서 자기 글에 감동을 받고 자신감을 얻어 실제로 회장 선거에 나간 것이었습니다. 다른 멋진 연설들을 보고 자극을 받아 '전교회장 놀이'로 연설문을 썼던 그 아이는 실제로 전교회장이 되었습니다. 이 정도면 '놀이' 한번 해볼만 하지 않습니까?

수업 방식은 계속 진화해야 하며, 수업 내용은 계속 아이들의 언어로 바뀌어야 합니다. 이번 학기 연설문 수업 때는 작년 10월 UN에서 있었던 방탄소년단 리더의 연설을 보여주고 연설문을 쓰게 했습니다. 소위 아미ARMY, 방탄소년단의 팬클럽라고 하는 아이들은 숨도 안 쉬고 조금의 흐트러짐 없이 연설문을 듣더니, 수업 시간에 방탄을 보여준 선생님의 센스에 진하게 감사를 표현했습니다. 하나같이 꿈과 희망을 버리지 말고 자신의 목소리를 떳떳하게 내라는 희망의 연설문을 진지하게 써 내려갔습니다.

재미 주기 노하우 ③
속담 초성 게임과 스피드 게임

책을 읽으면서 이해력을 돕기 위해 속담을 가르칠 때는 칠판에 속담의 초성만을 씁니다. 그리고 의미를 설명한 후 초성을 가지고 어떤 말일지 만들어나가라고 하죠. 답을 찾아가는 과정에서 웃음꽃이 핍니다. 더 이상 진지한 또는 어려운 속담 공부 시간이 아닙니다.

책이나 교재를 다 읽고 나면 거기에 나온 단어들을 작은 종이에 하나씩 적어 단어 카드를 만듭니다. 그리고 아날로그 모래시계를 사용하여 릴레이식으로 정해진 동안 설명하게끔 합니다. 일명 '스피드 게임'입니다.

이 게임을 하면 재미있는 풍경이 연출됩니다. 기상천외한 답변이 나오는 건 기본입니다. 자리에 앉아서는 또박또박 말 잘하는 아이인데 앞에 나와서는 개미 목소리가 되는가 하면, 평소 얌전하게 말수 적던 학생이 오히려 핵심을 짚어가며 야무지게 설명하는 다크호스가 되기도 합니다. 아이들 모두 살짝 긴장하면서도, 은근히 재미있어합니다. 책 한 권을 다 읽을 때마다 스피드 게임을 하자고 난리죠. 저는 게임 속에 주의 깊게 단어의 의미를 생각하며 책을 읽자는 깊은 뜻을 숨겨 놓았습니다. 그렇게 숨겨놓은 수업 의도를 시간 가는 줄 모르게 단어 공부를 하고 속담 공부를 하며 아이들 스스로 실현해 나갑니다.

놀이를 하다 보니 즐거워지고, 놀이를 하다 보니 어려운 개념도 쉽게 이해가 되고, 놀이를 하다 보니 줄줄 써 내려가지고 나의 언어로 표현하게 되었습니다. 재미를 느끼자 곧 관심으로 연결되고, 무슨 책을 읽으면 되는지 찾아서 읽는 적극적인 독서로 발전했습니다. 재미없고 지루한 주제에도 아이들이 기분 좋게 임해주는 이유는 공부가 곧 '놀이'가 되었기 때문입니다.

놀이 같은
독서법,
제목으로 책 읽기

표지만 읽어도 독서가 됩니다! 부담을 없애고 흥미를 높이는 노하우

책장 앞에서 무엇을 읽을지 고민하며 서성이는 학생에게 물어보았습니다.

"책을 고를 때 무슨 기준이라도 있니?"

"책은 말이죠. 제목이 반이에요."

금시초문인 양 능청스럽게 다시 물어봅니다.

"그게 무슨 말이야?"

"아, 선생님, 재미있는 책은 제목이 딱 멋있어요."

그러면서 자기 나름의 논리를 펼칩니다.

저는 표지만 읽어도 독서라고 생각하는 사람입니다. 굳이 펼쳐 보지 않더라도 책장에 꽂혀 있는 수많은 책 제목을 읽어 내려가는 것만으

로도 독서가 됩니다. 제목을 보며 무슨 내용일까 유추하고, 흥미가 생긴 책은 꺼내서 표지를 더 살펴보고, 그래도 재미있어 보이면 책장도 펼쳐봅니다. 더 마음에 들면 사기도 하죠. 관심이 가거나 읽고 싶은 책을 고르는 과정, 즉 책장 앞에서 제목을 쭉 훑는 과정도 독서의 일종이라 봅니다. 그렇게 스치듯이 읽어 두면 다음번에 책을 선택해야 할 때, 혹은 추천받거나 친구들이 읽는 것을 봤을 때 '나도 아는 책인데 읽어 봐야겠다.'의 단계로 이어집니다.

여러 권의 책 제목을 이어서 재미있는 글짓기

여기에 더해, 저는 책 내용에 상관없이 3권 혹은 5권의 책을 골라서 책 제목만 연결시켜 문장을 만들라고 합니다. 문장의 길이는 5줄 정도. 물론 시간을 정해줍니다. 그러면 책꽂이에 꽂혀 있는 책 제목을 어찌나 샅샅이 그리고 자세하게 읽는지 모릅니다. 먹이를 찾는 하이에나처럼 책 제목을 요리 살피고 조리 살피면서 책을 배열하여 하나의 이야기를 만들어갑니다. 어떤 아이들은 강한 메시지를 전달하기도 하고, 어떤 아이들은 코믹 버전으로 가기도 하고, 어떤 아이들은 자기가 하고 싶은 말을 책 제목만으로 희한하게 조합합니다.

그렇게 쓴 걸 발표하게 하면 친구들의 조합 실력에 감탄하기도 하고, 그제야 감을 잡았다는 듯이 한 번 더 하자고 외치는 아이들도 있습니다. 그 기회를 놓칠 제가 아니지요. 그럼 책 7권에 10줄 쓰기를 해보자고 합니다. 과하다 싶으면서도 "도전!"을 외칩니다. 놀이인 듯 공부인 듯, 공부인 듯 놀이인 듯 헷갈리게 하면서 저는 그 시간에 해야 할 학습 목표를 다 이룹니다.

한바탕 놀았다고 생각했는데 글을 썼습니다. 한바탕 놀았다고 생각했는데 책꽂이의 수많은 책 제목을 쭉 다 읽어버렸습니다. 책 읽기와 글쓰기에 대한 부담을 없애고 흥미를 높이는 좋은 방법입니다.

저의 수업을 경험한 학생이 쓴 시 한 편을 소개합니다.

논술 선생님이 마법을 부리면

딩동 댕동! / 드디어 들어오신다 / 이제 마법의 시간이다

오늘은 제발 쉬운 거 / 읽고 쓰면 좋겠다

논술 선생님이 말씀하신다 / 오늘은 글쓰기를 하자

글쓰기는 내가 제일 싫어하는 것 / 선생님은 선택을 잘못하셨다

겉은 천사처럼 보이고 / 속은 악마였나 보다

논술 시간이 되면

시계가 째-각 째-각 / 1분에 글자 한 자

논술 선생님이 마법을 부리면

우리들의 손은 / 눈 깜짝할 새 벌써 다 써 버린다 / 아~ 나도 마법을 쓰고 싶다

결국 수업이 끝났다

그래도 여러 과목 중에 논술이 짱이다

이 시에서 말하듯, 싫어했던 것이 좋아지게 되고 좋아지게 되니 읽게 되는 마법에 걸리는 것이지요. 글을 쓰고 있는 이 순간, 책 제목을 뭘로 정할지가 큰 관심입니다.

시작이 반이라고요? 독서에서는 제목이 반입니다.

엄마를 위한 생각

논술은 입시 논술, 주제 논술, 독서 논술 세 부분으로 나눌 수 있습니다. 초등과 중등 시기에는 독서 논술과 주제 논술을 골고루 배워야 한다고 생각합니다. 많은 선생님과 학부모들이 독서 논술만을 논술로 알고 있는데 그것은 아닙니다. 주제 논술과 독서 논술을 골고루 접하는 것이 균형된 삶을 살아가는 데 바탕이 됩니다.

그것이 진정한 논술의 완성입니다.

CHAPTER 3

독서를 공부, 인성,
재능과 연결하라

― 책 읽기를 확장하기

읽은 책을 나의 생활에 적용해봄으로써 책이 주는 교훈을 내면화할 수 있습니다. 그러면 아이의 삶 속으로, 마음속으로 책의 메시지가 훅 다가설 것입니다. 도덕과 연결되고, 철학과 연결되고, 결국에는 우리 아이들의 인성에 영향을 끼치는 것이 바로 책입니다. 그냥 도덕이니 철학이니를 말하면 어떤 아이가 관심을 기울일까요?

누구한테 배워 이렇게
배려가 깊냐고요?
책과 함께 컸답니다

책의 교훈을 삶에 적용하면 살아 숨 쉬는 독서 교육이 됩니다

초등학생들이 자주 하는 말을 꼽으라면 1위는 단연 "몰라요", 2위는 "근데요"일 겁니다. 이는 교사나 어른들의 질문에 대한 대답이죠. 그런데 또래 친구들을 평가할 때 하는 말 중에도 특히 자주 쓰는 표현 두 가지가 있습니다.

"아~, 인성."

"오~! 인성!"

한 글자 차이지만 뜻은 전혀 다릅니다. 먼저 "아~, 인성."을 해석해보죠. 친구 간에 의리도 없고 이기적으로 행동할 때 "아~" 탄식하며 "인성 뭐냐."라는 뜻의 힐난조로 말합니다. 반대로 옳다고 생각되는 행동을 보면 감탄사를 연발하며 "인성이 되었네."라고 치켜세우는 뉘앙스를 담아 "오~! 인성!"이라고 말합니다. 한 날은 수업 시간 중에 학생이 우유를 쏟아서 제가 휴지로 닦아주었습니다. 그러자 아이들이 엄지를 척 들어 보이며 "오~! 인성!"이라고 하는 게 아니겠습니까.

독서 교육이 인성 교육입니다

워낙 입시 교육에 치이다 보니 많이들 잊고 살지만, 학창 시절 독서의 기본 지향점은 인간을 인간답게 만드는 것, 바로 인성을 키우는 데 있습니다. 배려, 정직, 성실, 경청, 양보, 존중 등. 아이들이 자주 말하는 "인성!"에도 이러한 가치들이 담겨 있습니다. 멋모르고 하는 소리가 아니라 자기들만의 기준이 있는 것입니다. 아이들 사이에서도 존경받는 아이가 있습니다. 인성은 또래들 사이에서도 매우 중요한 평가 항목입니다.

이처럼 아이들에게도 그들만의 사회가 있고, 그 사회 안에서 타인에 대한 여러 평가가 이뤄집니다. 이것은 성인이 되어서도 마찬가지입니다. 인성이 바른 사람, 됨됨이가 좋은 사람은 어딜 가든 선호됩니다. 진학과 취업, 승진 등은 단지 스펙만으로 이뤄지는 게 아닙니다. 사람을 다방면으로 평가하는 시대, 인성 또한 드러나는 경쟁력인 세상입니다.

그러나 이보다 훨씬, 어쩌면 비교도 안 되게 중요한 지점이 있습니다. 인성 바른 아이가 더 행복하게 살 수 있다는 점입니다. 타인을 배려하고 양보하면서 보람을 느낄 수 있는 아이, 매사 감사하고 긍정적으로 사고할 수 있는 아이는 삶의 만족도가 높고 심리적 회복탄력성 또한 좋습니다. 그러므로 어려서부터 인성을 교육하면 아이가 살아가는 데 있어 큰 힘이 될 것입니다.

여기서 주의할 점이 있습니다. 인성을 키운답시고 억지로 책을 읽혀서는 안 됩니다. 책 읽기를 강요하고는 정작 그에 관한 피드백은 주지 않는 식의 독서 교육은 오히려 부작용을 부릅니다. 아이의 관심을 자극하는 정도의 노력은 필요하며, 읽힌 후에는 책에 관해 대화를 나눠야 합니다. 아이가 읽는 책을 부모도 읽는 것이 가장 좋지만, 설령 읽지 못했더라도 약간의 조사를 통해 책에 대해 공부하고 그것을 바탕으로 소통해야 합니다.

엄마를 위한 생각

진도 나가기에 급급하지 마세요. 모든 책에는 주고자 하는 메시지가 있으며, 이는 충분히 곱씹어야 내 것으로 삼을 수 있는 것입니다. 도덕과 윤리, 역사 의식, 사회 의식, 삶에 대한 태도 등 책이 전하는 진정한 가치는 기계적으로 배울 수 없는 것들입니다. 그러니 조급해하지 말고 '철학이 있는 교육'을 하세요. 마음의 여유가 있는 엄마가 낙관적인 아이를 키우고, 철학이 있는 교육이 주관 있는 아이를 만듭니다.

책이 주는 교훈을
삶에 적용해보는 연습

위인전 ≪안중근≫을 읽었습니다. 제가 학창 시절에는 나라를 잃었으니 이런 행동은 당연하지 않은가, 어리석은 생각을 했었습니다. 그러나 성인이 되고 가정을 꾸려 살아 보니 나라를 위해 가정을, 더욱이 목숨을 바치는 것은 저 같은 미물은 꿈도 못 꿀 일임을 알게 되었습니다. 아이들과 진지하게 책을 읽고, 저의 솔직한 심정을 나누었습니다. 그리고 안중근 의사의 삶을 다룬 '영웅'이라는 뮤지컬을 짧게나마 동영상으로 시청했습니다. 수업을 마무리하면서는 '우리들이 할 수 있는 나라 사랑하는 일'에 관해 생각해봤습니다. 무심코 지나쳤던 많은 일들이 뜻밖에도 애국과 관련돼 있더군요.

아이들은 즐겁게 써 내려가며 마지막으로 안중근 의사를 소개하는 글을 썼습니다. 표정들이 그렇게 진지할 수 없습니다. 이 날 수업에 참가한 2학년 여학생은 조부모님 앞에서 안중근을 멋지게 소개하고 앞으로의 포부를 발표해 할아버지께 용돈까지 받았다고 합니다.

애니메이션으로도 나왔던 ≪엄마 찾아 삼 만리≫라는 작품을 기억하십니까? 작품을 다 읽고서는 "엄마가 안 죽어서 다행이고, 엄마와 만나서 정말 다행이에요."라며 펑펑 울던 1학년 여학생의 모습이 아직도 기억납니다. 책을 읽은 후 이렇게 감상을 나누는 것은 일반적인 풍경입니다. 저는 여기에 더해, 집에 가서 할 숙제를 내줍니다. '엄마를 꼭 안아드리며 사랑한다고 고백하기'가 바로 그것입니다. 그날 저녁, 진심으로 우러나오는 사랑 고백에 감동받은 한 아이의 엄마가 맛있는 치킨을 사주었다는 후문도 있습니다.

엄마에게 응원을 보냈다면 다음은 아빠에게 고백할 차례겠죠. ≪세상에서 가장 힘센 수탉≫은 한때는 잘 나갔지만 이제는 힘이 없어져 젊고 어린 수탉들에게 왕좌 자리를 빼앗기고 삶의 의욕을 잃어버린 나이 든 수탉이 가족의 위로로 다시 힘을 얻는다는 내용의 동화책입니다. 이 동화책을 읽고 모두 잘 아는 '아빠 힘내세요'라는 동요를 교실에서 신나게 불러봤습니다. 그리고 또 미션을 주었습니다. 퇴근해 돌아온 아빠에게 이 노래를 불러주라고 말입니다. 아빠 입장에서 얼마나 감동적이며, 힘이 되겠습니까?

여기까지는 저학년들을 대상으로 한 것입니다. 고학년들은 고학년에 맞는 주제 선정이 필요합니다.

예를 들어 ≪의심≫이라는 동화책을 읽은 후 친구들과의 관계에 대해 생각해보는 것입니다. 친구들 사이에서 억울했던 경험을 이야기하고, 자신이 억울하고 속상했던 만큼 친구도 쉽게 의심하지 말아야 함을 깨닫습니다. 그리고 혹시라도 친구를 의심하고 미워한 것이 있다면 쪽지를 써서 주는 간단한 적용도 해봤습니다.

이처럼 밥 따로 국 따로 식의 따로국밥이 아니라, 읽은 책을 나의 생활에 적용해봄으로써 책이 주는 교훈을 내면화할 수 있습니다. 그러면 아이의 삶 속으로, 마음속으로 책의 메시지가 훅 다가설 것입니다. 도덕과 연결되고, 철학과 연결되고, 결국에는 우리 아이들의 인성에 영향을 끼치는 것이 바로 책입니다. 그냥 도덕이니 철학이니를 말하면 어떤 아이가 관심을 기울일까요? 그러한 메시지가 재미있는 스토리 안에 녹아 있어 자연스럽게 배우고, 생활에 적용하며 배움을 체화하도록 해주세요.

엄마를 위한 생각

한창 수업 중인 학교 교실 안, 30여 명의 학생 모두가 교사를 향해 초롱초롱한 눈빛을 발사해주면 더할 나위 없이 좋겠지만 실상은 그렇지 않습니다. 자세가 흐트러짐은 물론 옆 친구와 떠들고 심지어 자리를 이탈하고 엉뚱한 것을 꺼내어 몰두하는 아이도 있는 등 난리법석입니다. 그런데 재밌는 것은, 제가 엉뚱한 소리를 하거나 아이들의 관심을 끌 만한 단어를 말하면 어김없이 빛의 속도로 반응한다는 사실입니다. 삐딱한 자세로, 또는 다른 데 신경 쓰느라 집중하지 않는 것처럼 보여도 앞에 있는 사람이 뭐라고 하는지에는 귀를 열고 있었던 것입니다. 어쩌면 안 보는 척, 안 듣는 척한 것인지도 모릅니다.

그래서 독서든, 공부든, 아이들의 관심을 먼저 끌어야 한다는 것입니다. 일방통행이 아니라 쌍방통행이 되려면 아이들의 관심을 자극하여 그들을 소통의 광장으로 데려와야 합니다.

아이의 사춘기를
예방하는
독서의 힘

엄마에게 입을 열지 않는 아이, 책을 통해 말하게 하세요

초등학교 저학년들은 모든 활동에서 엄마의 결재와 지령을 받고 움직입니다. 요즘은 저마다 핸드폰이 있어 더욱 그렇습니다. 학교를 마치면 바로 엄마에게 전화부터 합니다.

"엄마, 나 학교 마쳤어."

"그래? 그럼 학원 버스 타고 가서, 학원 도착해서 전화해."

"엄마, 학원 마쳤어. 편의점에서 아이스크림 사 먹어도 돼?"

이런 식으로 한 발짝 움직일 때마다 엄마에게 생중계를 합니다. 세상이 하도 수상한 시절이라 이렇게라도 아이의 행방을 알아야 엄마들도 마음이 편합니다. 그런데 이런 시기도 잠깐입니다. 빠르게는 5학년, 대개는 6학년이 되면 전화의 횟수가 급격히 줄어듭니다. 엄마가 전화를 걸어 위치를 물으면 그제야 시큰둥하게 이야기, 아니, 보고합니다. 엄마보다 친구가 좋은 나이, 이 시기 아이들의 행동은 '친구 때문에' '친구를 위한' '친구에 의한' 것으로 바뀝니다. 저학년 때는 엄마에게 시시콜콜 전달하던 학교 생활이 이젠 "그냥 그랬어."라는 말로 뭉툭 그려집니다. 이런 경향은 여학생들보다 남학생에서 더 많이 보입니다. 엄마는 아이로부터 하나라도 더 알아내기 위해 온갖 방법을 동원하지만 얻어낼 수 있는 정보는 아주 미미하죠. 자녀가 선생님에게 혼이 났다거나 아니면 반에서 회장이 되어도, 이 소식을 전달하는 건 내 아이가 아닌 같은 반 똘똘한 여학생의 엄마입니다. 사춘기가 빨리 왕림한 경우에는 말수가 더 적어집니다. 물론 또래가 아닌, 엄마 아빠에게 말이죠.

좀처럼 털어놓지 않는 고민, 책을 매개체로 삼으면 말문이 열립니다

어느 날 학원 수업 시간이 아직 많이 남았는데 한 여학생이 도착했습니다. 그런데 얼굴 표정이 평소와 다르더군요.

"왜, 무슨 일 있었니?"

제 말이 끝나자마자 아이가 대성통곡을 합니다. 저는 너무 놀라서 말없이 한참을 안아주었습니다. 아이는 감정이 복받친 듯 울면서도 친구 때문이라고만 할 뿐, 자세한 이야기는 하지 않았습니다.

"친구 때문에 너무 속상해서 학교도 가기 싫고 그냥 죽고 싶어요."

갑작스러운 말에 어찌해야 할지 몰라 당황하다가 책 한 권을 소개해 주었습니다. 유영민 작가의 ≪오즈의 의류 수거함≫이라는 책이었습니다.

"사춘기 소녀의 이야기를 다룬 책인데, 저마다 외롭고 슬프고 가슴 아픈 사연들을 가지고 있는 소외된 사람들의 밤을 그린 이야기야. 한번 읽어봐."

아이는 언제 울었냐는 듯이 책 속에 빠져 들었습니다. 순식간에 집중해서 읽더니 나머지는 집에 가서 읽는다고 하더군요. 다음 주에도 그 친구는 조금 일찍 학원에 왔습니다. 한결 밝아진 얼굴로 말입니다. 지난주의 이야기를 해줄 수 있는지 조심스럽게 묻자 자신의 마음과 상황에 관해 자세히 설명하기 시작했습니다. 저는 완벽하게 아이의 편이 되어 추임새를 넣으며 이야기를 들어주었습니다. 듣고 보니 속이 상할 만한 사건이었습니다.

"그런데 선생님이 주신 책을 읽으니 저랑 비슷하더라고요. 그래서 완전히 집중해서 읽고, 다 읽고 나서도 친구 문제를 잘 해결해야겠다는 생각을 하게 되었어요. "

그 말을 듣자 속으로 이런 생각이 절로 들었습니다. '휴~, 다행이다.'

그 이후 아이는 늘 학원에 일찍 와서 무슨 책을 읽으면 좋을지, 요즘은 어떤 고민이 있는지 등에 관해 저와 이런저런 이야기를 나누었습니다. 만약 그 친구가 울었을 때, 제가 무조건적으로 훈계만 했다면 아이는 저를 자기편으로 여기지 못했을 겁니다. 자신과 비슷한 처지의 책 속 주인공을 만나, 그의 이야기를 읽으며 스스로 해답을 찾게 된 것이 정말 다행이었던 셈이죠.

비슷한 고민, 비슷한 상황의 책 속 친구를 소개해주세요

아이의 고민을 대하는 엄마의 태도 중 가장 흔한 것은 바로 '답정너' 스타일입니다. '답은 정해져 있고 너는 대답만 하면 돼.'라는 식의 화법으로, 아이의 고민에 대해 "그건 이렇게 하고, 저건 저렇게 해야지."라고 말하는 것입니다. 사춘기 아이에게 필요한 것은 따뜻한 내 편이지 판정단이 아닙니다. 답정너식 대화가 한두 번만 진행돼도 아이는 엄마에 대한 신뢰를 잃습니다. '엄마는 말해도 몰라.', '이해해주긴커녕 혼만 내, 진짜 싫어.' 같은 생각만 하게 됩니다. 어쩌면 이미 이런 과정을 거치고 엄마에게 말문을 닫았을지도 모릅니다. 아이에게 조심스럽게 책 속의 또래 친구, 즉 그 책의 주인공을 소개해보세요. 엄마의 이야기는 흘려들어도, 나와 비슷한 고민을 가진 어떤 또래 아이의 이야기에는 귀를 기울일 테니까요. 그 아이(주인공)의 이야기에 공감하면서 아이와 대화를 나누면 어느샌가 '엄마도 나를 이해할 만한 사람'이라고 인식할 것입니다.

여기서 힌트를 얻을 수 있습니다. 사춘기 아이와는 억지로 대화하려 하지 말고, 책을 통해 이야기하란 것입니다. 특히 아이의 고민이나 상황에 맞춤형 스토리를 가진 책을 추천하면 효과 만점! 책에 공감을 느낀 아이는 어느새 자신의 상황을 술술 풀어놓을 것입니다. 책을 매개체로 사춘기에 알맞은 새로운 대화의 물꼬가 트일 것입니다.

엄마를 위한 생각

사춘기가 점점 당겨진다는 생각이 듭니다. 요즘은 초등학생이라고 무조건 엄마바라기가 아닙니다. 4학년 즈음이면 살짝 징조가 보이고, 5학년부터 절정을 향해 달려가죠. 5~6학년들은 자세부터가 삐딱합니다. 시비거리를 찾는 하이에나 같기도 하고, 어떻게 하면 주어진 과제를 안 하거나 간단하게 끝내 시간을 떼울까 연구하는 루팡들 같기도 합니다. 이 시기, 아이들이 겪는 모든 감정적 변화의 원인은 대부분 친구 문제로 좁혀집니다.

오랫동안 가르치는 일을 해오며 늘 생각하고 바라는 게 있습니다. 아이들이 작은 것에도 행복하기를 바라는 마음입니다. 그러기 위해 사춘기를 어떻게 보내느냐가 참 중요하다는 생각을 합니다. 사춘기 시기의 인간관계 문제로 평생 트라우마를 얻거나 성격이 바뀌거나 심지어 좌절하여 세상에 대한 마음의 문을 닫는 아이들이 적지 않습니다. 아이가 사춘기에 접어들면 내 아이에게도 시련과 아픔의 시절이 다가왔음을 알고 현명하게 대처해줘야 합니다.

어린 시절처럼 아이들이 행복하게 지내면서 상급학교에 가서도 그 행복을 유지하고, 아픔을 겪더라도 이겨내고 단련하여, 자기 인생을 설계해 자리매김하기까지 교사와 부모가 안내자 역할을 잘 해야겠습니다.

호모 욕쿠스가 된 아이들,
북스 사피엔스로 키우려면

방송인으로도 유명한 작가 조승연 씨의 강연을 들을 기회가 있었습니다. 여러 나라의 언어를 능숙하게 구사할 뿐만 아니라 워낙 다독하고 다양한 경험을 한 작가여서인지, 강의 내용 또한 다채롭고 흥미진진했습니다. 그중에서도 가장 기억나는 이야기는 접두사 '개'에 관한 것입니다.

예전에는 각 집마다 마당에 개를 묶어놓았습니다. 개는 낯선 방문객으로부터 집을 지키는 용도였고, 개밥그릇은 마당 한가운데 낡은 그릇을 툭 던져놓으면 그만이었죠. 그 시절 개는 온 가족이 오가며 발로 툭툭 치는 그런 존재였습니다. 이런 이유로 앞에 개가 붙은 단어 중에는 부정적인 의미가 담긴 것이 대다수입니다. 개차반, 개살구, 개싸움, 개판 등등. 그러다가 세월이 흐르고 주거 형태가 변화함에 따라 개들이 인간의 생활 공간에서 같이 기거하게 됐습니다. 소파도 침대도 거실도, 인간의 주거를 개와 공동으로 씁니다. 이런 변화가 반영돼 요즘 신세대들 사이에 많이 쓰는 '개'라는 강세 접두사는 친근하고도 긍정적인 뉘앙스를 표현합니다. 개 좋다, 개 시원하다. 개 맛있다 등등. 이 같은 '개'의 사용을 가장 먼저 받아들이고 활성화시킨 이들은 사춘기 청소년들입니다. 처음에 기성세대들은 그것이 욕인 줄 알고 사용 금지를 외쳤으나, 긍정적인 뉘앙스인 것을 보고 이제 모방해 쓰기도 합니다.

그런데 한 가지 의문이 듭니다. 아이들도 기존에 '개'란 말이 붙으면 욕에 가까웠다는 걸 모르지 않는데, 왜 하필이면 이처럼 강한 어감의 말을 사용하는 걸까요?

이와 관련해 아이들의 언어 세계를 들여다볼 필요가 있습니다.

요즘 청소년들은 75초마다 욕을 쓴다고 합니다. EBS 방송에서 청소년들의 욕 실태를 조사하기 위해 마이크를 채우고 실험을 했더니 75초마다 방송 부적격 욕이 나왔다는 것입니다. 아이들은 그 욕이 특별히 나쁜 의미인 줄은 모르고 그저 재미없을 때, 숙제가 많을 때, 짜증 날 때, 어이없는 행동을 하는 친구나 답답한 친구를 볼 때면 사용한다고 했습니다. 정말 모욕을 주기 위해서가 아니라, 자신들의 감정을 조금이라도 더 강한 어감으로 표현하려는 것입니다. 평범한 동사와 형용사도 창의적으로 마치 욕처럼 들리게 만들어 사용합니다. 그런 아이들을 두고 '호모 욕쿠스'라고 부르는 사람들도 있습니다.

부모의 입장에서 내 자녀는 그렇지 않을 거라고 믿어 의심치 않지만 많은 아이들의 입에는 이미 센 말이 착 달라붙어 있습니다. '개'라는 강세 접두사를 아무 말에나 붙여 사용하는 것 또한 같은 맥락이라고 보입니다.

저는 아이들이 아무리 '호모 욕쿠스'라 할 지라도 어른들의 부단한 노력과 관심으로 '북스 사피엔스'로 바뀔 수 있다고 생각합니다. 아무리 거친 욕설을 내뱉는 아이라도, 그 내면마저 피폐하다고는 생각하지 않습니다. 내면의 질풍노도를 허세에 가까운 강한 어감, 그들끼리의 표현으로는 쿨하고 센 캐릭터로 보이기 위한 방식일 뿐. 그 또한 또래 세계의 유행인 것입니다. 이들의 언어 세계를 무조건 터부시 하지 않고, 그들과 코드를 맞추기 위해 부단히 노력해야 합니다. 그 매개는 엄마 아빠의 잔소리, 선생님의 훈육이 아닌 깨달음을 주는 책입니다.

아이들의 문화를 존중하면서 책을 추천하고 공유해 보세요. 자신과 닮은 책 속 이야기에 공감하고 마음속에 깨달음을 얻은 아이는 스스로 변화합니다. 나아가 책 속에서 삶의 지혜를 얻고 그 속에서 답을 얻으려고 노력하는 '북스 사피엔스'로 커나갈 것입니다.

독서 습관은
공부 습관의
기초입니다

읽고 쓰고 말하는 독서 습관이 공부 습관의 토대가 됩니다

여러분들은 이사를 할 때 무엇을 최우선으로 보는지요? 어떤 이는 공기가 좋아서, 어떤 이는 마음껏 뛰어놀 수 있는 자연환경, 어떤 이는 교통이 좋아서, 어떤 이는 학군이 좋아서 이사를 결심했다고 합니다. 저의 경우는 도서관이었습니다. 저도 나름 아이를 키우면서 여러 번 이사를 했는데, 그때마다 가장 신경 쓴 것은 집 옆에 도서관이 있느냐 없느냐였습니다. 아이가 초등학교 시절, 수시로 책을 읽으러 다닌 것은 물론 여러 문화 행사에 참여하기도 하고 일하는 엄마와 시간이 안 맞으면 엄마를 기다리며 잠시 머무르기도 하는 등 여러모로 1등으로 애용한 장소가 바로 도서관입니다. 중고등학교에 가서는 학교 과제로 읽을 책을 빌리기도 하고, 시험 기간이면 열람실에서 공부도 했습니다.

어떤 환경에 노출되느냐에 따라 아이의 관심이 달라지는 법입니다. 아이가 공부를 잘하길 바란다면 함께 동네 공공 도서관을 자주 들르세요. 자꾸 가다 보면 읽게 되고, 한두 권 읽다 보면 몰입하게 됩니다. 이런 과정이 거듭되어 책 읽기를 좋아하는 아이, 나아가 책 보며 공부하는 걸 자연스럽게 여기는 아이로 큽니다.

주위에 공부를 잘하는 학생들을 보면 어릴 때부터 남다른 면모가 보입니다. 여행을 가거나 잠시 외출을 하더라도 엄마 혹은 아이의 가방에 꼭 책이 들어 있습니다. 어렸을 적 항상 책을 끼고 다녔던 아이들의 진로를 추적해보면 중고등학교에서 상위권을 유지하다가 소위 말하는 명문대학교에 진학해 있는 경우가 다수 있습니다.

속독하는 아이보다
정독하는 아이가 교과 공부에 강합니다

오늘도 아이 뒤를 쫓아다니며 책 읽어라 노래를 부르는 엄마. 이렇게나 책을 읽히려 하는 이유가 무엇일까요? 많은 엄마들이 '솔직한 심경으로, 책을 읽는 것이 공부에 도움이 되기 때문'이라고 말할 겁니다. 물론 다양한 간접 경험을 통해 아이의 세상을 넓혀주고, 상식과 교양이 길러지기를 바라지만 그보다 더 직접적이고 큰 욕망은 '아이 공부'

와 연관돼 있습니다. 저는 이런 엄마들의 마음을 백 번 이해합니다. 그래서 말씀드리건대, 빨리 많이 읽으라고 강요하지 마세요. 책 천 권을 읽은 아이보다 백 권이라도 자기가 흥미를 가지고 정독한 아이가 교과 학습과 시험에 더 강합니다. 우리 아이가 다른 아이들보다 책을 빨리 읽는다고 좋아할 일이 아닙니다. 한때 유행했던 '속독'식으로 의도적으로 빨리 읽으려 노력하는 경우, 기계적으로 글자를 훑는 기술만 늘 뿐 내용 이해도가 현저히 떨어지게 됩니다. 아이들이 책 읽는 속도를 보면 평균적으로 읽는 양이 대략 보이는데, 다른 친구들보다 너무 많이 읽는다 싶은 학생에게 책에 관해 물어보면 정작 내용은 알지 못하는 경우가 허다합니다. 수업 시간에 지정 도서를 천천히 읽은 후 간단한 테스트를 해도 다 맞추지 못합니다.

앞서 말했듯, 아이들에게 소리 내서 읽으라 하면 제 멋대로 말을 지어내거나 추측해서 읽는 모습을 많이 볼 수 있습니다. 자기도 모르게 오독하는 아이들이 적지 않은 것입니다. 오독 습관을 바로잡지 못하면 분명 아는 문제인데 틀리고, 교과 내용을 엉뚱하게 이해하는 결과로 이어집니다. 한번 습관이 되면 고치기 어려우므로 이런 습관이 생기지 않도록 하는 것이 가장 좋습니다. 그래서 특히 저학년들에게는 빠르게 읽기가 위험하다는 것입니다. 반드시 정독을 가르쳐야 합니다.

독서가 공부로 연결되려면, 책을 읽는 능력이 교과서를 잘 읽어내는 능력으로 승화돼야 합니다. 엄밀히 말하면 교과서도 책입니다. 조직적으로 잘 구성된 교과서라는 책을 제대로 읽고 이해하고 핵심을 찾아 암기하는 것이 바로 공부 능력입니다. 수시로 읽고 생각하고 쓰고 말하면서 다져진 독서 습관은 교과서와 참고서를 읽고 이해하고 핵심을 정리하며 모르는 것은 물어보는 공부 습관으로 이어집니다.

독서	책	수시로 읽기	생각하고 쓰기	말하기
공부	교과서, 부교재, 책	수시로 읽기	논술, 핵심정리, 문제풀이, 보고서	질문, 발표, 연설, 프레젠테이션

독서 습관이 잘 잡혀있으면 교과서를 읽는 공부 습관으로 이어져 우리 엄마들이 그토록 바라는 학교 성적도 잘 나올 것이라고 믿어 의심치 않습니다. 독서 습관이 바로 공부 습관의 기초입니다.

독서와 공부, 두 가지 모두
모르는 건 알고 넘어가는 습관이 중요합니다

아이들을 가르치다 보면 가끔씩 이해 안 될 때가 있습니다. 책을 읽고 있을 때 슬쩍 보고, 분명히 저 단어의 뜻을 모를 것 같은데 무슨 뜻인지 물어보지도 않고 그냥 술술 읽어 내려갑니다. 그러면 제가 브레이크를 겁니다.

"이 단어가 무슨 뜻인 줄 아니?"

"아니오."

"그런데 왜 무슨 뜻인지 안 물어봐?"

"그냥요. 귀찮아서요."

한마디로 질문하기 귀찮아 몰라도 알기를 포기한다는 것입니다.

책을 읽다 보면 저도 이해가 안 되는 단어가 있습니다. 그럴 때면 인터넷으로 검색해봅니다. 잘 이해되지 않는 대목이 나오면 앞으로 다시 가서 읽고, 주인공의 이름이나 등장인물이 헷갈리면 다시 앞부분을 보며 확인합니다. 뜻을 이해하면서 읽으려면 이런 일련의 과정들이 필요합니다.

그런데 요즘 아이들은 절대 아닙니다. 읽던 책을 앞으로 넘겨보지 않는 것은 물론이고 모르는 단어를 물어보는 경우는 저의 경험상으로는 5퍼센트도 안 됩니다. 오히려 제가 안달이 나서 "책을 읽던 중이라도 모르는 단어가 나오거나 문맥상 모르는 말이 나오면 언제든지 물어봐라."라고 수시로 말합니다만, 묻는 아이가 드뭅니다. 질문하면 큰 일이라도 나는 줄 아는 모양입니다.

모르는 단어를 일일이 찾으면 어느 세월에 다 읽느냐고요? 물론 모르는 단어 몇 개 정도 넘기고 읽어도 전체 맥락을 이해할 수 있을지 모릅니다. 그러나 이 또한 훗날 공부 능력과 직결되므로, 모르는 걸 자꾸 모르는 채로 넘기는 습관을 들여서는 안 됩니다.

　모르는 것은 물어보고 알아보고 확인하는 독서 습관이 교과를 공부하는 습관으로도 이어집니다. '그까이 거 대충~' 넘어가는 습관이 생기면 공부하다가 모르는 것이 나와도 그 버릇이 이어집니다. 귀찮아서 건너뛰거나, 대충 넘겨짚어 버리므로 관련된 문제가 나오면 '보긴 봤는데 어디서 봤더라' 하는 상황이 됩니다.

　모르는 단어를 그냥 넘겨서는 안 되는 또 다른 중요한 이유가 있습니다. 바로 어휘력입니다.

　학생들의 글을 읽었을 때 자기 학년보다 훨씬 낮은 수준으로 느껴진다면, 대부분 학년에 미치지 못하는 단어 선택이 이유입니다. 이해하기 쉽게 설명하는 것과는 차원이 다른, 어린아이 같은 단어들이 글 속에 구석구석 숨어있습니다. 책에 나온 고급 단어를 익히지 않고 그냥 지나치기 때문에, 책을 많이 읽었더라도 제 학년 수준의 단어 활용을 하지 못합니다. 6학년이 쓴 글이 마치 3학년 정도의 글처럼 읽히는 것입니다.

　어휘력을 향상시키기 위해서는 첫째, 모르는 말이 나왔을 때 알고 넘어가는 습관을 들여야 합니다. 그렇게 고급 단어, 어려운 속담과 관용어 등을 배워나가야 합니다. 둘째, 습득한 어휘는 생활 속에서 말과 글로 잘 활용해야 합니다. 실제 글로 쓰고 입으로 말해야지 내 것이 됩니다. 평소 사용하는 단어가 풍부해야 표현력으로 연결됩니다.

이를 위해 저는 여러 가지 게임을 가장한 훈련을 합니다.

- 개념어를 이용한 기사 놀이 (102쪽 참고)
- 주어진 단어를 친구들 앞에서 설명하고 맞추는 스피드 게임 (108쪽 참고)
- 초성으로 속담 맞추기 게임 (108쪽 참고)
- 초성으로 제시어 맞추기 게임
- 초성을 가지고 다양한 단어 만들기 게임

어휘력 향상에 효과가 큰 것 중에 하나는 초성으로 다양한 단어 만들기입니다. 예를 들어 'ㄱㅅ'이라는 초성을 제시하면, 온갖 단어가 술술 나옵니다. 받침을 넣기도 하고, 모음을 이리저리 조합하기도 합니다. 아이들이 이렇게도 많은 단어를 알았나 싶을 정도입니다.

학기 말이 되어 수업 집중력이 조금 떨어질 즈음에 이 게임을 하면 아이들의 흥미를 다시 올릴 수 있습니다. 저는 가끔 초성을 주고 단어를 만들어오라는 숙제를 내줍니다. 한 번은 1학년 남학생이 숙제했다며 종이 한 장을 자랑스럽게 내밀었는데, 종이가 이미 너덜너덜하지 않겠습니까. 세상에, 제가 제시한 초성으로 단어를 120개 가까이 찾아왔습니다. 다른 아이들은 평균 20개 정도였습니다. 담임 선생님 말씀으로는 숙제 종이를 일주일 내내 들고 다니면서 생각날 때마다 적더라는 것입니다. 그 종이에는 1학년 이상 수준의 단어들도 제법 보였습니다. "진짜 신났어요, 가족들한테도 다 물어봐서 썼어요!"라며 으스대는 모습이 적군을 물리친 장수와도 같이 늠름했습니다. 그렇게 손수 찾고 공부한 그 어휘들은 아이의 말과 글 속에 오롯이 녹아들 것이며 잘 잊히지 않을 것입니다. 이런 공부 경험이 고학년이 되면 학습에 자동적으로 연결되리라 생각합니다.

학종으로 대학 가는 시대,
독서력이
경쟁력입니다

초등부터 대학 진학까지 이어지는 수행평가, 걱정 없는 비결

한 단원이 끝나면 배운 주제와 읽은 책에 대해 다양한 글을 쓰고, 그 글을 발표하게 합니다. 발표하는 친구들의 글을 들으며 자신의 글과 비교하고 서로의 태도나 글을 통해 배우기도 합니다. 아이들의 글을 혼자 평가하다가, 어느 날 아이들의 생각이 문득 궁금해졌습니다. 그래서 실행에 옮겼습니다. 자신을 제외한 다른 친구들의 글과 발표 태도를 평가하도록 한 것입니다. 마치 심사위원이 된 것처럼 말이죠.

안 그래도 오디션 프로그램을 많이 접한 아이들이라 평가지를 들고 앉은 자세가 제법이었습니다. 더욱 놀라운 것은 제가 마음속으로 평가한 것과 아이들의 평가를 합산한 결과가 똑같았다는 점입니다. 보는 눈이 완전히 같았습니다. 글을 잘 쓴 것 같은지 그렇지 않은지, 목소리와 태도에 자신감이 있었는지 없었는지, 발표할 때 말의 속도는 너무 빠르거나 느리지 않았는지 적당했는지 등을 아이들도 기가 막히게 판단하고 있었습니다.

그러고 보면 다양한 수행평가가 존재하는 요즘 아이들의 학교 생활은 지필고사 위주였던 우리 때와는 정말 다릅니다. 자신의 의견을 서술하거나 이야기하고 토론하고 발표하는 일의 연속입니다. 숱한 교내외 대회가 존재하고, 학업 성취도와 목표 달성도를 평가하는 다채로운 기준들이 성적에 반영되는 시대입니다. 초등학교뿐 아니라 중고등학교 내신도 마찬가지이며, 대학 입시에서도 정시보다 수시의 비중이 커진 지 오래입니다.

머리 아픈 수행평가?!
알고 보면 다 읽고 말하고 쓰기입니다

거의 대부분의 수행평가는 쓰고 말하기가 주를 이룹니다. 학교마다 존재하는 몇 가지 대회, 그리고 수행평가를 소개해보겠습니다.

먼저 대회부터 보겠습니다. 문·이과를 막론하고 쓰기, 조사하고 발표하기가 골자를 이룹니다. 대표적인 것으로는 독도 골든벨, 철학 인문 논술 대회, 양성평등 글짓기 대회, 수학 프레젠테이션 대회, 독후감

쓰기 대회, 인문 독서퀴즈 대회, 영어 에세이 대회, 융합과학 대회, 진로 독서 프레젠테이션, 현장체험학습 보고서 대회 등이 있습니다. 딱 봐도 독서력이 기본이 되어야 하는 것으로, 말하기와 쓰기 능력을 갖춰야 가능합니다. 학교는 많은 학생이 참여할 수 있는 다양한 대회를 만들어 수상을 많이 하게 해서 학생부종합전형이하 학종으로 수시에 많이 입학시키는 것이 목표입니다.

그렇다면 수행평가는 어떻게 하는 것일까요? 수학 수행평가는 수학 관련 책을 읽고 요점정리를 하는 것이고, 미술 수행평가를 위해서는 전시회에 가서 감명 깊게 본 그림에 대해 감상문을 써내거나 발표합니다. 과목과 관련지어 봉사활동을 하고 그에 관한 자료를 만드는 수행평가도 있습니다. 고등학교의 경우 거의 모든 학교가 진로에 대해서 자료 조사하고 이를 프레젠테이션 자료로 만들어 발표하는 수행평가를 합니다. 이러한 수행평가들은 공식처럼 딱 떨어지는 정확한 답을 찾는 것이 아니라 그 과목에 대한 성실도, 발표 태도 등 전체적인 준비성이나 자세, 어법 등 통합적인 능력을 보는 것입니다. 평가는 교사 한 명이 하기도 하고, 여럿이 할 수도 있으며, 같은 수업에 참여하는 학생들도 나름의 기준을 가지고 평가하기도 합니다. 지필 고사처럼 정확한 맞고 틀림이 있는 것이 아니라서 주관성을 걱정하기도 합니다만, 실은 대부분 평가 기준이 대동소이합니다.

인지상정입니다. 정말 특별한 상황이 아닌 이상, 잘하면 누가 봐도 잘해 보이고, 못하면 누가 봐도 못해 보이는 게 보통입니다. 앞서 저의 평가와 학생들의 평가가 정확히 일치했다고 말했는데, 이런 식으로 상당히 합치된 평가 기준이 작용합니다. 같은 과업이 주어져도 그것에 대해 어떻게 표현하느냐, 즉 어떤 어휘를 사용해서 어떤 방식으로 서술하느냐는 각자 다릅니다. 3학년이 5학년 못지않은 실력으로 쓰기도 하고, 6학년이 3학년 수준의 발표를 하기도 합니다.

그렇다면 어휘력과 정보 전달력을 기르기 위해서는 어떻게 해야 할까요? 정답은 독서입니다. 고급 단어를 적재적소에 사용하는 능력은 오로지 독서를 통해서만 기를 수 있습니다. 거기다가 글쓰기나 발표 때 중간중간 재미있게 양념을 치는 것 또한 책에서 인용구를 찾고 예시를 들고, 나아가 자기 나름대로 이야기를 구성하다 보니 생기는 능력입니다.

우리 아이들의 미래를 위한 능력, 결국 읽고 쓰고 말하기입니다

저는 정규 교사는 아니지만 20년이 넘는 긴 세월 동안 학교라는 조직에 소속돼 있었습니다. 그래서 학년별로 아이들이 그 단계마다 해놓으면 좋은 것들의 윤곽이 희미하게나마 보입니다. 지금은 학원 운영을 병행하며 때로는 살짝 이방인 같은 마음으로 삽니다. 긍정적으로 말하자면 사교육을 하면서 공교육에 더 필요한 것은 무엇인지 살피고, 채울 방법을 모색하기 좋았습니다. 공교육에 무엇이 부족하고, 어떤 부분은 바람직한지가 객관적으로 보입니다. 게다가 제 딸아이는 국립초등학교에 다녔었고 저는 사립초등학교와 공립초등학교에 동시에 강의를 나갔기에 그 차이점과 각각의 장단점이 뚜렷하게 보이기도 했습니다. 이런 말을 하는 이유는, 덕분에 아이들의 상급학교 준비를 세세하게 도울 수 있었기 때문입니다.

상급학교 준비와 관련된 노하우를 묻는 분들이 많습니다. 제 노하우는 정말 간단합니다. 너무 간단해서 간과하기 쉬운 '읽기, 쓰기, 말하기'라는 기본 역량을 키우는 것입니다.

솔직히 말해 사교육 업계는 끊임없이 학부모들의 불안감을 조장합니다. 이것을 이 시기에 안 하면 큰일 난다거나, 레벨 업이 마치 무슨 훈장이라도 되는 듯 으스댑니다. 엄마들은 유명 메이커 학원에 등록하기 위해 또 다른 사교육을 받기까지 합니다. 물론 그렇게 해서라도 아이를 원하는 대학에 보내고, 그 나름대로 행복을 누릴지 모릅니다. 그러나 영원히 헬리콥터 맘이 되어 아이의 주변을 맴돌 수밖에 없습니다. 자기 스스로 하는 훈련을 시키지 않았기 때문입니다.

저는 학종이 자기의 꿈이나 진로를 설계하고 차근차근 준비하면 누구나 쉽게 대학에 진학할 수 있도록 하는 입시제도라고 생각합니다.

그 기초와 기반을 바탕으로 초등학교 때부터 열심히 읽히고 생각을 정리해서 쓰게 하고 야무지고 또렷하게 말하는 습관을 가지면 중고등학교는 물론 대학교까지 문제가 없을 것입니다. 닥치면 다 한다고 생각할 수 있지만, '읽고 쓰고 말하기'라는 기본기가 없으면 닥쳤을 때 당황하게 됩니다. 허둥대다가 부화뇌동하게 될 수 있습니다. 반대로 기본 역량이 갖춰진 아이는 스스로가 체계적으로 상급학교에 차근차근 진학하며 주어진 과업 또한 부담 없이 해냅니다.

잘 읽을 수 있도록, 잘 쓸 수 있도록, 잘 말할 수 있도록 초등학교 때부터 아이가 갈 길을 안내해줘야 할 것입니다. 진정으로 아이의 미래를 위한다면 말입니다.

엄마를 위한 생각

4차 산업혁명으로 세상의 패러다임 자체가 엄청나게 빠른 속도로 변하고 있습니다. 이 스마트한 세상을 미리 예견하고 준비한 아들은 전 세계적으로 부를 누리며 리더로서 지냅니다. 우리들도 시대의 흐름을 읽고 대처해야만 뒤처지지 않고 누리며 살 수 있습니다. 무엇이든지 미리부터 준비해두면 허둥대지 않는 법입니다. 부담감도 적어지고 마음도 편합니다. 우리 아이들 또한 어린 시절부터 변화된 세상에 나갈 채비를 갖추기 시작하면 훗날 그것이 무기가 될 것입니다. 이를 위해 우리 엄마들이나 가르치는 일에 있는 종사자들의 역량이 중요하다고 생각합니다.

생각과 감정을
똑 부러지게 표현하는 아이로
키우는 법

"있잖아요, 그런데요"는 그만

유명한 강사들의 강의를 들어보면 대부분 콘셉트가 비슷합니다. 한 가지 사실이나 에피소드, 경험한 한 가지 주제로 정말로 재미있고 맛깔나게 강의를 잘합니다. 어쩌면 별것 아닐 수 있는 일에 의미를 불어넣어 우리들에게 용기를 주고, 삶의 방향을 제시해주거나, 배꼽 빠지도록 웃기기도 하고, 두 눈에서 눈물을 쏙 빼놓기도 합니다. 그렇게 말을 잘하는 사람을 보면 참으로 부럽기 짝이 없습니다. 그래서 요즘에는 아이 어른 할 것 없이 학교에서나 회사에서 말을 잘하고 발표를 잘하기 위해 스피치 학원에 다니기도 합니다.

그런가 하면 유독 말주변이 없는 사람들도 있습니다. 참 재미있었던 사건이나 즐겁게 본 책 혹은 영화 이야기를 '저렇게 재미없게 이야기하기도 어렵겠다' 싶게 합니다. 재미있는 예능이 그들의 입을 거치는 순간, 다큐로 바뀌고 맙니다. 그래서 어느 모임에서든 말 잘하는 사람이 제일 인기가 많습니다. 재미있고 실감 나게 이야기하는 사람 주위로 사람들이 몰려듭니다.

아이들의 말 습관을 점령한 "근데요, 있잖아요" 주의보

"있잖아요, 근데요."는 초등학교 교실에서 제일 많이 들을 수 있는 말 베스트에 속합니다. 이 두 마디가 빠지면 이야기가 안 될 정도입니다. 생각을 묻고 답하면서 하는 공부가 논술이다 보니 수업 시간에 질문을 많이 합니다. 아이들의 대답을 듣다 보면 참 걱정스럽습니다. 요점정리를 못해서가 아닙니다. 의미 없는 단어를 지나치게 반복적으로 쓰는 것이 걱정입니다. 무의미한 단어 몇 개 연결하고, 중심 단어를 드문 드문 연결하는 것도 힘들어하는 경우가 대다수입니다. 물론 그 와중에도 불필요한 단어를 제외하고 핵심만 추려서 밝은 표정으로 이야기하는 아이가 있긴 합니다. 그런 경우는 귀에 쏙쏙 들어와 이해가 잘 될뿐더러, 다른 아이들 또한 재미있게 집중하면서 발표 내용을 듣습니다.

아이들의 반복적인 말 습관을 바로잡게끔 도와줘야겠다는 생각으로, 한 번은 발표할 때 "근데요, 있잖아요."를 빼고 말하라 했습니다. 그랬더니 몇몇은 아예 발표를 포기하는 게 아니겠습니까. 발표 외에 일상 대화에서도 많은 아이들이 모든 말 앞에 "근데요, 있잖아요."를 붙입니다.

"근데요, 있잖아요. 어제 제가요, 있지요."

"그래, 있다 그래. 계속 말해보거라."

"그게요. 있잖아요. 어떻게 되었냐 하면요. 근데요…."

얼버무리듯 하는 말에 도대체 무슨 일인지 물어보면, 가장 많이 이어지는 말은 "저는요, 아무 짓도 안 했는데요."입니다. 선생님께 불려온 아이, 또는 수업 시간에 다른 친구를 방해하는 아이에게 이유를 물으면 돌아오는 답은 딱 정해져 있습니다. '이렇게 해서 저렇게 되었고 저렇게 되어서 이렇게 되었습니다.'하고 똑 부러지게 이야기하는 아이가 드뭅니다. 간혹 가다가 아이들끼리 싸우거나 오해가 생기는 일이 있어서 상황을 알려고 물어보면, 대답은 거의 대부분 이렇게 시작될 것입니다.

"저는 아무 짓도 안 했어요."

그러면 자녀들의 말투를 아는 엄마들이 나름의 방식으로 아이들의 말을 통역하며 상황을 정리해본 경험들이 있을 것입니다. 초등학교 저학년 남학생일수록 이런 경향이 강합니다. 표현을 잘 못하는 경우 아예 묵비권을 행사하는 일도 간혹 있습니다.

부모 입장에는 속 터지게 답답할 수 있지만, 생각과 감정을 솔직하고 당당하게 표현하는 것은 생각만큼 그리 쉬운 일이 아닙니다. 여기에는 필요하지 않은데 반복적으로 쓰는 여러 가지 말 습관 문제도 한몫합니다. 입에 붙은 무의미한 단어들로 인해 이야기의 본질을 빠뜨리게 되기 십상입니다.

오디션 말고
오내선(오늘은 내가 선생님)!

말 못 하겠다는, 아니, 알면서도 조리 있게 말 못 하는 아이들에 관해 고민하다가 문득 아이디어가 떠올랐습니다. 자신의 생각과 의견을 말로 표현할 기회를 많이 줘야겠다고 생각했습니다. 평상시 수업은 제가 일방적으로 강의하고 글을 쓰게 하는 경우가 많았기 때문입니다.

그래서 출강하는 학교의 5, 6학년 수업시간에 '오내선'이라는 것을 하기로 했습니다. '오늘은 내가 선생님!'이라는 뜻으로, 프로그램 이름도 아이들과 함께 지었습니다. 그리고 한 가지 주제에 대해 미리 자료를 조사해서 10분 정도 프레젠테이션을 하거나 강의식으로 발표할 기회를 주었습니다. 처음에는 어떤 형식으로 할지 몰라 살짝 우왕좌왕

하던 아이들도 생각보다 철저하게 준비를 해왔습니다.

방식은 이렇습니다. 주제가 주어지면 아이들 스스로 자료를 조사해서 발표를 합니다. 프레젠테이션을 하는 경우도 있고, 개념을 정확히 파악해서 마치 능숙한 선생님처럼 강의하고 질문을 받는 친구도 있었습니다. 심지어 스타강사가 나오기도 하였습니다. 독서량이 무척 많았던 한 남학생은 칠판에 지도까지 그려가면서 세계사를 설명했는데, 저까지 쏙 빠져들 정도였습니다. 반 친구들의 집중도는 최고치였습니다. 각자 한 번씩만 발표한다는 원칙을 깨고, 그 남학생만은 반 아이들 만장일치로 3주간 연속으로 발표를 했습니다. 명강사가 따로 없었습니다. 재미있는 사실은, 평소에는 말수가 적고 얌전히 책 읽기를 좋아하는 아이였다는 것입니다. 항상 조용하던 친구가 의외의 말솜씨로 맛깔나게 수업을 하니 아이들 모두에게 색다른 경험이 된 거죠.

1년 정도 하며, 한 반에 절반 정도는 발표할 수 있도록 조정했습니다. 아이들은 오내선을 무척 기다려서, 제가 복도를 지나가면 모두들 오내선은 언제 하냐고 물으며 재촉하기도 했습니다. 친구들이 선생님 대신 발표나 강의를 하는 것이 신기하기도 하면서 재미있었나 봅니다.

발표자를 정할 때는 다양한 부류의 아이들에게 고루 기회가 주어지도록 신경 썼습니다. 너무 시끄러워서 반의 분위기를 흐리는 아이, 수업 태도는 좋으나 소극적인 아이, 오내선을 시키면 잘할 것 같은 아이 등등.

너무 시끄러워 반 분위기를 흐리던 아이는 자기가 발표를 하면서 떠드는 아이들로 인해 방해를 받은 데 역지사지를 느꼈는지 그 이후 수업 태도가 좋아졌습니다. 수업 시간 내내 떠들며 발산하던 끼와 유머 감각을 오내선 발표에 적용하니 발표가 재미있고 입체적이었습니다. 당연히 다른 아이들의 호응도 높았습니다.

태도는 좋으나 소극적이던 아이의 경우, 처음에는 목소리도 작고 부끄러워하더니 점점 자신감을 얻어 수업을 매우 알차게 이끌어가는 것을 볼 수 있었습니다. 다른 아이들도 그 친구의 새로운 면을 보게 되었습니다. 그 아이는 오내선 이후 자신감을 충전하고, 학급회장단에 도전하여 반회장까지 맡았습니다.

오내선을 시키면 잘할 것 같던 아이는 역시 기대를 저버리지 않고 야무지게 준비하여 당차게 수업하고, 심지어 자기들끼리 묻고 답하며 토론 수업을 이끌기까지 했습니다. 흥미로운 건 선생님이 된 아이의 수업 방식이 평소 저의 방식과 같았다는 점입니다. 그 모습을 보며 스펀지와 같은 이 아이들을 제대로 잘 가르쳐야겠다는 다짐을 하기도 했답니다.

나중에는 오내선을 하려는 학생들이 너무 많아서 팀별로 과제를 내주기도 했습니다. 수업 10분을 위해서 영상을 찾아 편집하고, 직접 영상을 촬영하기도 하는 등 이해를 돕기 위한 여러 가지 도구들을 사용하는 면에서도 나날이 발전했습니다.

이렇게 하다 보니 어느샌가 수업 시간에 "근데요, 있잖아요."가 사라져 있었습니다. 집에서도 이런 실험적인 시도에 도전해보세요. 간소하나마 형식을 갖춘 말하기 프로젝트를 하다 보면, 아이의 말 습관 중에서 무의미하게 뱉는 말들이 줄어들 것입니다.

발표에 강한 아이, 생각을 표현하는 데 익숙한 아이로 키우세요

제가 운영하는 학원에서는 늘 공부 마지막에 쓴 글을 무대 위에서 발표하게 합니다. 그냥 서서 말하는 것이 아니라 마이크를 들고 무대 위에서 발표하도록 하는데, 이것이 아이들은 훨씬 더 긴장되나 봅니다. 때로는 자신이 쓴 글임에도 꼭 남의 글을 읽는 것처럼 낯설게 읽기도 하고, 떨리는 마음에 빛의 속도로 엄청 빠르게 읽어 내려가는 아이도 있습니다. 아예 마이크 앞에도 안 오고 몸을 비비 꼬는 아이들도 있죠. 발표하기 직전까지 읽어 보며 글의 내용을 수정하기도 합니다. 글을 쓰고 한 번이라도 더 읽어보면 글의 완성도가 높아지는 것과 일맥상통합니다.

그러다가 한 번 두 번 횟수를 거듭하다 보면, 그곳에 서는 일이 익숙해져 시나브로 적응을 합니다. 한 날은 새로 온 아이가 발표를 앞두고 너무 떨려하니 한 여학생이 옆에서 용기를 줍니다.

"있잖아, 나도 처음에는 그랬거든. 나중에는 저절로 잘하게 돼."

전인미답의 길을 먼저 간 선배의 충고에 후배는 자신 있게 마이크 앞에 서봅니다. 언제 어디서든 아이들이 자신 있게 자신의 이야기를 할 수 있는 판을 충분히 만들어주는 것, 우리 어른들의 역할이 바로 여기에 있습니다.

덕후 성공시대,
아이의 재능을
독서와 연결하는 법

독서를 통해 재능을, 재능을 통해 독서의 즐거움을 발견하기

다 함께 책을 읽는 시간, 다른 아이들은 이미 책 속에 푹 빠져 있는데 자꾸만 저와 눈이 마주치는 학생들이 종종 있습니다. 책을 서너 장 넘기나 싶더니 재미없다는 이유로 다른 책을 집어 듭니다. 잠시 읽는가 싶더니 이내 또 일어납니다. 그리고는 또 다른 책을 꺼내옵니다. 읽기 쉽고 재미있어하겠다 싶은 책을 추천해주려 하면 온갖 핑계를 대며 거부합니다. 심지어는 간 크게 만화책을 읽으면 안 되냐고 떼를 쓰기도 합니다. 길어야 30분인데 그 독서시간을 다 채우지 못하고 온 마음으로 저항하는 아이가 안타깝기까지 합니다.

축구나 농구를 좋아하고 게임은 더 좋아하고 자전거를 타고 신나게 동네 한 바퀴를 도는 것이 행복한 아이들에게 책 읽기는 어쩌면 성능

좋은 수면유도제일 것입니다. 그런데 이렇게 책 읽기 싫어 이리저리 도망 다니던 아이들이, 참으로 기나긴 인고의 시간을 이겨내어 마침내 자신의 최애 관심사와 잘하고 좋아하는 것에 대한 책을 찾아내면 180도 바뀝니다. 습득력과 집중력이 상상 이상입니다. 책을 읽다가 흥밋거리나 새로운 지식을 찾아내서 꼬리에 꼬리를 무는 독서를 하기도 합니다. 좋아하는 것에 관한 책을 스스로 찾아 읽습니다.

이렇게 딱 맞는 책을 찾기까지는 안내와 참아줌, 때로는 모른 척도 필요합니다.

앞으로 어떤 분야를 팔 것인가,
초등학교 때부터 찾아야 합니다

우리는 늘 '재능을 찾아주어야 한다.'고 하고 '아이의 재능에 관심을 가져라.'라고 말합니다. 심지어는 재능기부라는 말도 많이 사용합니다. 그렇다면 과연 재능이란 무엇일까요? 사전적 의미를 보면 "어떤 일을 하는 데 필요한 재주와 능력. 개인이 타고난 능력과 훈련에 의하여 획득된 능력을 아울러 이른다."라고 되어 있습니다. 여기서 중요한 부분을 찾았습니다. 개인이 타고난 능력과 훈련에 의해 획득된 능력이라는 대목이 그것입니다.

많은 이가 김연아는 원래 피겨 스케이팅에 재능이 있고 박지성과 손흥민은 원래 축구를 잘하고 가수는 원래 노래를 잘하는 줄 착각합니다. 그러나 김연아도, 박지성도, 손흥민도 타고난 재능에 단련을 더하지 않았다면 지금의 위치에 도달하지 못했을 것입니다. 김연아는 얼음 위에서 스케이트를 신고 있었던 시간이 집에서 보낸 시간보다 길었을 것입니다. 축구 선수 박지성은 일기를 매일 썼는데 그 내용이 전부 축구에 관한 내용으로, 그날 실수했던 것이나 잘했던 것을 모두 그림으로 그려 가며 자신의 기술과 전략을 연마했습니다. 한 마디로 그것만을 파는 전략적인 바보가 되었던 것이죠.

저는 초등학교 때 재능을 검증하고 발견하는 과정이 필요하다고 생각합니다. 재능을 발견하는 쉽고 빠른 매개체가 바로 '책'입니다. 정해진 정답을 찾기에 급급해하며 성적만을 위해 읽힐 것이 아니라, 다양한 분야의 다양한 책을 자유롭게 접할 수 있도록 해야 합니다. 책과 편하게 접촉하다 보면 남과 다른 관심사를 발견하게 됩니다. 다른 주제와는 달리 유독 빠져드는 주제나 분야를 발견하면 이와 관련된 지식들을 빠르게 배우고, 이해하며, 관심을 확장해 나갑니다. 그 과정에서 아이의 재능이 드러납니다.

아이들은 구체적이고 명확한 목표가 있을 때 행동하기 시작합니다. 재능과 관련하여 롤모델, 또는 원하는 모습이나 수준을 목표로 삼고 무서울 정도의 몰입도로 돌진합니다. 전문 지식을 독서로 습득하고 재능으로 발전하기 위해 또 다른 독서 단계를 거칩니다. 독서를 하다 보니 재능을 찾게 되고, 그 재능을 유지하고 발전시키기 위해 또 독서를 하는 선순환이 발생합니다.

학원에 오는 남학생 중 책 읽기를 정말로 싫어하며, 글 쓰기는 말할 것도 없이 싫어하는 학생이 있었습니다. 그래도 성실성만은 타고나서 빠지지 않고 꾸준히 왔습니다. 다소 어려운 주제나 본인이 흥미를 끄는 주제가 아니면 매우 힘들어하거나 산만해지지만 학원에서 나누거나 본 내용에 대해서는 스펀지처럼 흡수하는 아이였습니다. 이 학생이 어느 날 제게 축구에 대한 책을 좀 준비해달라고 했습니다. 책 읽기라면 가벼운 학습만화에만 지나치게 치중하는 녀석이 갑자기 책을 사달라고 하기에 적잖이 놀랐습니다.

그 이후, 이 친구는 지금까지도 축구에 흠뻑 빠져있습니다. 매일 학원에 오면 축구 이야기만 합니다. 신이 나서 웃으면서 이야기를 멈출 줄 모릅니다. 어찌나 자신의 무용담을 멋지고 맛깔나게 이야기하는지 저도 책 읽히기를 잊고 수다 삼매경에 같이 빠집니다. 자신이 좋아하는 것을 찾았을 때 아이는 변하고 행동합니다. 그것도 아주 적극적으로 변합니다. 나아가 지식 확장을 위한 공부가 시작됩니다.

좋아하고 잘하는 일에
주파수를 맞춰야 합니다

어릴 때 부모의 맞벌이로 외조부모 손에서 자란 아이가 있었습니다. 사춘기 즈음에 부모님과 합쳐서 살게 되었는데, 조부모와 양육 방식이 다른 데다 공부에 대한 압박과 여러 가지 사정으로 아이와 부모는 많은 갈등을 겪고 있었습니다. 학교 생활도 적응하기가 만만치 않아 성격은 점점 내성적으로 변했습니다. 그러던 어느 날 넋 놓고 텔레비전을 보다 방송에서 나오는 마술 공연을 보고 소위 말하는 가슴 떨림을 경험했습니다. 그때부터 마술을 공부하고 연습하고 책을 찾아보고 연구하기 시작했습니다. 마술에 대한 각종 정보를 혼자서 수집하기도 했습니다. 그 결과 세계대회까지 나가게 되어 좋은 결과를 얻었습니다. 우연히 조우한 재능에 노력을 더한 결과, 아이는 재능을 자신의 미래와 연결시킨 것입니다.

많은 아이들이 SNS나 게임에 빠져 있거나 목적 없이 단어를 외우고 수학공식을 암기할 때 이 학생은 재능을 찾고 발전하기 위해 엄청나게 노력했습니다. 흥미로운 점은 그 과정을 오롯이 혼자서, 그것도 너무나 즐겁게 해냈다는 것입니다. 좋아하니 열중하게 되고 열중하게 되니 좋은 결과가 나오고 좋은 결과가 나오니 행복해졌습니다.

모든 부모는 자녀가 좋아하는 일을 하며, 즐겁고 행복하게 살기를 원합니다. 하기 싫은 일을 억지로 하면서 사는 모습은 상상하기도 싫을 것입니다. 그러기 위해서는 아이에게 영어 책, 수학 책만 보라고 강요할 것이 아니라 다양한 세계를 접할 수 있게 해줘야 합니다. 앞에서도 말했듯 아이가 자신의 재능을 찾기까지 인내해주고 때로는 모른 척도 해줘야 합니다.

부모가 어떤 환경에 노출해주느냐도, 모두 다는 아니지만 상당한 작용을 합니다.

저는 어린 시절에 수학은 늘 어려웠고, 과학 공부도 하다 보면 안드로메다로 나가떨어지는 기분이고는 했습니다. 그런데 유독 지명이나

내 아이의 성향은 학자 혹은 경영자?

아이들이 관심과 재능을 드러내는 분야는 실로 상상 초월 다양하지만, 아이들의 성향 자체는 크게 두 종류로 나눌 수 있습니다.
첫째, 관심 있어하는 작은 사실이나 한 가지 정보에만 관심을 보이는 아이.
둘째, 세부적으로는 몰라도 전체를 조망하기를 좋아하거나 외부 환경에 관심이 많은 아이.
전자의 경우는 대개 학자, 연구 스타일이며 후자의 경우는 조직의 경영이나 리더십을 발휘하는 일, 외향적인 일에 소질을 보입니다.

인명, 역사에 관한 것은 특별히 애쓰지 않아도 귀에 쏙쏙 들어오고 기억에 남았습니다. 그런데 생각해보면, 어렸을 적 집에 유일하게 있었던 컬러풀한 책이 바로 사회과 부도였습니다. 집에 책이 많지 않아 있는 책을 닳도록 읽었었는데 그게 하필이면 사회과 부도였던 것입니다. 덕분에 중고등학교에 가서도 지리 시간이면 선생님이 말하는 모든 지명이 머릿속에 선명한 지도로 떠오르곤 했습니다. 저는 사회과 부도라는 책에 철저하게 노출되었던 것입니다.

누군가의 책장을 보면 그 사람이 보입니다. 무엇에 관심이 있으며 무엇을 좋아하며 무엇을 공부했는지가 보입니다. 지금은 덕후가 성공하는 시대입니다. 끊임없이 내 아이의 손끝에 주목하며, 무엇을 읽는지 무엇을 보는지 살펴보아야 합니다. 좋아하고 잘하는 일에 주파수를 잘 맞춰 안내해주는 등대의 역할이 바로 우리 부모들의 역할이지 싶습니다.

영재의 가능성은 책장에서 발견됩니다

"지금이 구매할 수 있는 마지막 기회입니다." "오늘이 마지막 최저가입니다." "다시없을 믿을 수 없는 가격!"

어디서 많이 들어본 멘트죠? 홈쇼핑에서 쇼 호스트가 자주 하는 말입니다. '다시는 속지 말아야지, 저번과 똑같은 말이군.' 하면서도 전화기를 들고 이미 주문을 하고 있는 경우가 허다합니다. 이처럼 뻔한 말인 줄 알면서도 깜박 속아 넘어갈 때가 자주 있습니다. "지금이 구매할 수 있는 마지막 기회"라는 말이 진부하다고 생각하면서도, 어쩐지 마음이 불안해지기 때문입니다.

사람들은 무한히 누릴 수 있는 것보다 제한된 자유, 제한된 시간, 제한된 공간, 제한된 물건한정품에 특별한 애정을 가지고 꼭 그것을 소유하기를 원합니다. 마음대로 못하면 욕망이 더 커지는 법입니다. 소비자의 쇼핑할 자유를 제한하고 제품의 가치를 높게 평가하여 구매욕을 강화시키고, '다 팔려서 없어지면 어떻게 하지.'하는 불안한 마음을 가지게 하는 것이 소비심리학에 기초한 마케팅 전략입니다.

저는 홈쇼핑을 볼 때면, 우리 아이들에게도 살짝 이런 전략이 필요하다고 생각하곤 합니다.

"엄마가 아빠가 모두 해줄 테니 원하는 것은 무엇이든지 말해."

요즘은 대부분의 가정이 이런 식이죠. 도대체가 결핍이 없기 때문에 절박함이 없습니다. 뭔가를 간절히 원할 일이 드뭅니다. 오히려 엄마 아빠만 안달이 나서 아이들에게 무슨 책을 사줄까, 어느 학원에 보낼까, 어떤 재능을 키워줄까 고민하고 아이의 호응을 간절히 기다립니다.

모두 내 아이 잘되기를 바라는 마음이니 이런 부모들을 탓할 마음은 없습니다. 다만 전략을 바꾸라는 말씀을 드리고 싶습니다. 피할 수 없으면 즐기라는 말처럼 역으로 생각해야 합니다. 안 팔리면 사게 하듯, 쳐다보지도 않으면 유혹해야 합니다. 즉, 고도의 심리 전략으로 다가서야 합니다.

"지금이 구매할 수 있는 마지막 기회입니다."가 아니라 "지금이 읽을 수 있는 마지막 기회입니다."라고 이야기해 아이들을 안달하게 만들어야 할 것입니다. 질리도록 책장 가득 책을 빽빽하게 꽂아두는 것이 아니라 읽고 나서 성취감을 느낄 수 있도록 책장에는 짧은 시간 동안 읽을 만한 적은 수의 책을 꽂아두는 것이 좋습니다.

나아가 책장이 아이의 관심사로 채워지면 아이들은 책장만 봐도 흐뭇해하며 기대감에 가득 찰 것입니다. 그리고는 이거 다 읽으면 무슨무슨 책을 사달라며 먼저 조를 것입니다. 집집마다 아이들의 성향이 다르고 좋아하는 분야가 다르겠지만, 너무 쌓여서 책 한 권 빼기에도 힘들게 해놓기보다는 곳곳에 읽히고 싶은 책, 관심을 두었으면 하는 책들을 흩어두세요. 책장은 좀 비워두고 아이와 함께 서점에서 관심 가는 책을 사서 같이 꽂고, 읽고, 또 나눔 하는 과정을 체험해보세요. 어느새 다 읽고 동생이나 이웃에게 나눠주기 직전, 아이들에게 이렇게 외칠 수 있을 겁니다.

"지금이 읽을 수 있는 마지막 기회입니다."

관심과 재능을 찾기 위해
때로는 편식도 필요합니다

아이들은 자신이 고르고 스스로 도서관에서 빌려온 책, 사고 싶어서 산 책은 제목을 정확하게 기억합니다. 반대로 부모님이 사준 책들의 제목이 아이들의 눈과 마음에 들기까지는 시간이 좀 걸립니다. 수업 시간에 어떤 책을 소개하면 그땐 아무 말 없다가 다음 수업 시간에야 "저희 집에 그 책 있었어요."라고 하는 경우가 많은 것은 그래서입니다. 읽었느냐고 물으면 당연한 듯 '아니올시다.'입니다. 그래도 수업 시간에 소개받은 책을 기억했다가 집에서 찾아봤다는 자체로 기특하게 여깁니다.

저는 3주 사이클을 두고 손이 많이 가는 책장에 아이 자신이 고른 책, 관심이 있는 분야의 책, 도서관에서 빌린 책, 그리고 여기에 엄마의 추천 도서도 슬쩍 더해 진열을 바꿔주는 게 좋다고 봅니다. 다른 책들은 치우고, 몇 가지 책만 놓고 곰국을 푹 끓이듯이 푹 익혀 읽게 하는 것입니다. 아이는 널널한 책장을 보며 중압감 없이 편하게 '이것만 읽으면 되겠네.' 하고 가볍게 시작하지만 실상은 엄마의 커리큘럼대로 읽고 있는 것이지요. 어쩌면 조삼모사일 수도 있으나, 이런 전략 덕분에 스트레스 없이 즐겁고 재미있게 독서의 세계로 빠질 것입니다.

일정한 기간 동안 책장에 있는 책들을 읽고 또 읽으며 편독한다고 해서 걱정하지 마십시오. 좋아하는 책들을 읽음으로써 호기심을 해결하고, 아이가 좋아하는 주제들을 발견하는 것만으로도 충분히 가치가 있습니다. 그다음에는 관심 있어하는 주제로부터 확장된 주제와 관련된 책들을 꽂아줍니다. 그러면 편독인 듯 아닌 듯, 나선형 교육에 발맞춰 나선형 독서가 될 것입니다. 이렇게 관련된 주제를 탐구하고 넓혀가는 방식을 알게 모르게 익히면 이것이 공부를 잘할 수 있는 기초가 됩니다.

공기가 꽉 차면 밀려 나가듯이, 편식한 책들을 읽은 것이 쌓이고 쌓이다 보면 관심 있는 책에서 관심 없는 책으로 나아가는 원동력이 될 것입니다. 읽는 습관과 읽는 재미가 실마리가 되어 다른 분야의 책으로도 관심이 확장될 수 있습니다. 인내를 가지고 그 과정을 지켜보며 지지해주는 역할을 누가 해야 할지는 두말하면 잔소리겠죠? 아이의 관심사로 책장을 채워줘야 하는 이유가 여기에 있습니다.

아이의 전문성을 인정해주세요

요즘 초등학생들은 유튜브를 많이 봅니다. 그냥 많이 보는 수준이 아니라, 거의 모든 문제에 대한 궁금증을 유튜브를 통해 해결하려 합니다. 기성세대들은 생각지도 못하는 것까지 유튜브를 보고 배웁니다.

저는 아이들의 이런 점을 역이용해서, 제 말을 듣지 않을 것 같은 주제와 관련해서는 유튜브를 보여줍니다. 제가 이야기하면 잔소리 같이 듣고 지루해할 이야기를 유튜버가 말하니 한 자도 놓치지 않겠다는 듯 듣습니다. 배신감마저 들 정도입니다.

유튜브와 관련해 기억에 남는 에피소드가 있습니다.

5학년들과 수업하던 중 하루는 제가 유튜브에 대한 관심을 보이며 말했습니다.

"선생님은 버킷리스트 중 하나가 유튜브를 촬영하는 거야."

그러자 너도나도 자신들의 노하우를 말하기 시작했습니다. 수업 분위기가 갑자기 그렇게 활기찰 수 없었습니다. 그리고 수업을 마치고 나오는 데 한 남학생이 저를 따라옵니다. 그리고 엄청 진지하게 유튜브 촬영을 위한 여러 가지 노하우를 전수해주고는 마지막으로 이렇게 덧붙이더군요.

"저도 공부 많이 했습니다. 자꾸 하다 보면 길이 보이고 연구한 만큼 성과도 있고 재미가 있을 겁니다. 하시다가 모르는 것 있으면 언제든지 물어보세요. 제가 가르쳐드릴게요."

"그래, 고마워. 모르는 거 언제든지 물어볼게."

어쩐지 스승과 제자의 대화가 뒤바뀐 것 같은 대화죠?

요즘은 어른이고, 선생이라고 해서 잘 모르는 분야에 대해 아는 척하면 오히려 망신을 당할 수 있습니다. 특히 미디어에 대한 것들은 저보다 아이들이 더 전문가인 경우도 있습니다. 물론 우리 어른들은 그 사용에 대한 시대적 흐름을 읽고, 장단점을 이야기하며 잘 이끌어가야 합니다. 하지만 아이가 더 잘 안다는 사실도 인정해줘야 합니다. 아마 그 남학생은 자신이 알고자 하는 분야의 책을 많이 읽었을 겁니다. 연구하고 연습하고 또 모르는 것은 찾아보고 했을 것이 눈에 선합니다.

다른 분야와 주제도 마찬가지입니다. 한 가지 분야를 파는 아이들 중에는 어른이 깜짝 놀랄 정도의 전문 지식을 갖춘 경우가 많습니다. '그래 봤자 애인데.'라는 권위적인 태도가 아니라 "정말 많이 아는구나. 적어도 이 분야에 대해서만큼은 내가 너한테 배울 점이 많다."라고 존중해줘야 합니다. 그래야 아이의 흥미와 열정이 더욱 길고 단단하게 이어질 수 있습니다. 책장을 한번 둘러보세요. 이제 책장 정리부터 시작할까요?

CHAPTER 4

연결 독서 실전편 ①
생각의 그릇을
확장시키는
책 읽기

이번 장과 다음 장은 연결 독서 실전편으로 독서 논술에 해당됩니다. 엄마들이 독서교육을 할 때 가장 많이 하는 실수 중 하나는 아이들에게 책을 읽혀놓고는 잘 읽었는지 확인한답시고 속사포처럼 질문을 쏟아내는 것입니다. 이런 식으로 우리 아이들이 오히려 책에 질리게끔 하고 있지 않나 반성하며 이번 장을 꾸며보았습니다.

스트레스 주지 않고
머릿속에 심어주는
독서 교육 노하우

연결 독서 실전편 사용설명서

앞의 챕터 1~3에서는 독서 습관을 만들기 위해서는 관심이 핵심이며 관심을 독서에 연결하는 방법과 책 읽기의 확장에 대해 살펴보았습니다. 이번 장과 다음 장은 연결 독서 실전편으로 독서 논술에 해당합니다. 흔히 하는 실수 중 하나는 아이들에게 책을 읽혀놓고는 확인한답시고 속사포처럼 질문을 쏟아내는 것입니다. 이런 식으로 우리 아이들이 오히려 책에 질리게끔 하고 있지 않나 반성하며 이번 장을 꾸며보았습니다.

각 꼭지는 크게 5개의 코너로 구성했습니다. 책이 주는 힘, 책을 소개합니다, 엄마용 해설서 ① 엄마 먼저 읽어 보기, 엄마용 해설서 ② 밑줄 쫘악, 마지막으로는 아이들과 실제로 수업할 수 있는 워크시트가 그것입니다.

책이 주는 힘

책의 전반적인 주제와 연결시켜 아이들의 흥미를 끌 만한 이야기를 소개합니다. 제가 수업 들어가기 전 아이들의 관심을 끌기 위해 실제로 사용하는 예화를 위주로 넣었습니다. 이렇게 책의 수제에 적설하고도 아이들 코드에 맞는 이야기로 시작하면 아이들의 눈빛이 초롱초롱해질 것입니다. 저는 새로운 한 단원이 시작되면 관련 예화나 서론을 어떻게 꺼낼지 엄청 고민해서 아이들의 언어로 바꾸어 이야기합니다. 그러면 아이들 또한 무장해제를 하고 그 단원과 책 속으로 잘 따라옵니다. 책이 주는 힘은 그런 의미에서 책과 아이들 간의 원만한 만남을 주선하는 말문 트기 같은 것입니다. 우리 엄마들은 다짜고짜 읽히지 않는 매너가 있는 사람들이니까요.

책을 소개합니다

말 그대로 책에 대한 배경 지식을 충분히 알려주는 코너입니다. 올여름 방학 때 저희 학원에서는 독서캠프를 열었습니다. 학교에 가지 않는 방학, 독서 캠프는 엄마들에게 해방의 시간이고 아이들에게도 특별한 체험이었습니다. 작가와의 만남 시간도 가졌는데, 동화 작가로 활동 중인 제 친구 김문주 작가를 초청해 특강을 열었습니다. 그 독서캠프 이후 아이들은 한동안 그 작가의 작품만을 골라 읽었습니다. 일단 만나본 작가의 작품인 데다, 글이 쓰인 배경을 알고 있으니 이야기가 귀에 쏙쏙 들어오겠지요. **책을 소개합니다**는 작가 없이도 할 수 있는 작가와의 만남입니다. 엄마나 교사가 먼저 작가를 소개하거나 그 글의 시대적 배경과 뒷이야기를 해주는 것입니다. 여기에 더해 작가의 성장 과정이나 살았던 시대의 상황을 설명해주면 책에서 얻을 수 있는 보너스는 백 배가 될 것입니다.

엄마용 해설서 : 엄마 먼저 읽어보기, 밑줄 쫘악

엄마용 해설서는 이를테면 교사용 지침서라 생각하면 됩니다. 우선 **엄마 먼저 읽어보기**에는 책 내용에 대한 자세한 설명을 담았습니다. 엄마가 미처 읽지 못한 책일지라도 그 메시지를 알고, 어떤 점을 중심으로 가르쳐야 하는지를 알 수 있게 꾸몄습니다. '아하!' 하는 힌트들을 곳곳에 숨겨 놓았기에, 아이들에게 책의 구체적인 이야기를 해줄 때 요긴하게 활용할 수 있을 것입니다. 목에 힘주고 "이 책은 말이야…"라고 이야기하기 위한 비밀 병기입니다.

학창 시절에 정말 많이 들어봤던 말이죠. **밑줄 쫘악**은 그때 그 시절처럼 밑줄을 그을 만한 중요 대목을 소개하는 코너입니다. 주인공들의 삶을 이해하고 나의 생활에 적용하고 삶에 힘이 되어 줄 만한 말들을 소개했습니다. 책을 소개합니다에서 책의 전체적인 부분을 다룬다면 **밑줄 쫘악**은 주제에 부합되는 내용을 구체적으로 찾고 마음속에 체휼경험하여 공감하는 것하는 과정에 해당됩니다. 또는 도전하고 싶은 바를 마음속에 다시 한번 새길 수도 있습니다. 정리하자면 '이 책을 통해 나는 이런 메시지를 찾고 적용할 것이다.'라는 결론을 내는 부분이라 하겠습니다.

일련의 과정을 살펴보면, 첫 번째 코너인 **책이 주는 힘**에서 문제를 제기하고, 마지막 코너인 **밑줄 쫘악**에서 그 해답이 나오거나 방향을 제시함으로써 서론과 결론이 한 쌍으로 연결되는 구성입니다.

워크시트

책마다 "이 정도는 알아야 어디 가서 읽었다 할 수 있지." 하는 요소들이 있습니다. 그런데 진짜 읽었는지 점검한다는 핑계로 아이들에게 질문을 쏟아내거나, 조급해하며 답을 채근하지는 않았나요? 차근차근 아이에게 질문하고, 아이와 함께 책을 복기할 수 있도록 제가 자주 묻는 질문들과 제시하는 글 제목 등을 소개했습니다. 이 같은 워크시트를 통해 아이들이 '생각을 글로' 표현하면, 잘 이해했는지 여부가 드러날 것입니다.

주로 사용하는 교재는 학교 수업일 경우 손에 잡히는 교과서 독서·토론·논술글샘교육㈜ 관련 학년별로 구성된 교재를, 학원에서는 천재교육의 Yes 논술 1A~6D까지를 활용합니다. 주제 논술과 독서 논술, 그리고 어휘력 향상에 도움이 되는 교재들이라 주 교재로 쓰고 있습니다.

지금까지의 설명을 차분하게 읽어보시고 각 코너마다 나오는 중심 활동들을 익히고 실제 아이와의 공부에 적용해보세요. 몇 번만 해도 자신감이 생길 것입니다. 부디 평소 습관으로 돌아가지 말고, 황경희의 아바타가 되어 제 안내에 따라 교육해보십시오. 그러면 아이들에게 스트레스를 주지 않으면서도, 읽은 책과 주제를 확실히 머릿속에 심어 놓는 멋진 '엄마 선생님'이 될 수 있을 것입니다. 이 책을 읽고 계신 모든 독자 여러분을 응원합니다!

평등과 자유는
저절로 주어지지
않는다

조지 오웰의 ≪동물 농장≫

책이 주는 힘

저는 딸아이 하나라 자녀들에게 뭔가를 똑같이 해줘야 하는 등의 고민이 없었습니다. 그래서 자녀 둘 이상을 키우는 엄마들을 보면 '솔로몬 버금가는 명판관이 바로 여기 있구나!' 싶을 때가 많았습니다. 간식을 줄 때도 똑같이, 뭔가를 사줄 때도 똑같이 해줘야 하니까 말입니다. 심지어 아이들이 싸울 때도 누구 한 명을 편드는 일 없이 중립을 유지해야 합니다. 듣기만 해도 얼마나 힘든 일일지 눈에 선합니다.

교실에서도 늘 똑같이, 또는 골고루 발표를 시켜야 하는 고충이 있습니다. 요즘에는 더욱더 그렇습니다. 손을 들었는데 발표 기회를 주지 않으면 "왜 저만 발표 안 시켜줘요."가 아니라 "쟤는 시켜주고서 왜 나는 안 시켜 줘요?"라고 따져 묻습니다. 이렇게 요즘엔 아이들도 평등함과 공정함에 대한 민감도가 높습니다. 자유와 평등에 대한 경험은 가정에서부터 이루어져야 하며, 그것이 확대되어 사회로도 적용되는 것 같습니다.

우리나라 사람이라면 누구나 아는 말, "아버지를 아버지라 부르지 못하고, 형을 형이라 부르지 못하니."라는 대목은 훗날 율도국을 세우는 홍길동의 심리적 복선입니다. 가정에서의 차별이 홍길동으로 하여금 조선의 신분 제도에 비판 의식을 갖게 하고 나아가 평등한 세상이라는 비전을 갖게 합니다. 우리나라 최초의 한글소설 <홍길동전>은 그 당시 조선사회에 적잖은 영향을 끼쳤습니다.

오늘 함께 생각해볼 문제는 평등입니다. 평등은 권리, 의무, 자격 등이 차별 없이 고르고 한결같음을 의미합니다. 인류의 역사는 불평등에 대한 항거의 연속이었습니다.

20세기 초 유럽을 떠들썩하게 했던 소설 ≪동물농장≫에서는 도대체 어떤 일들이 벌어졌는지, 그리고 평등에 관한 주제를 어떻게 다뤘는지 함께 이야기 속으로 들어가봅시다.

관심 연결 TIP
— 엄마가 가지고 있는 평등과 관련된 고민이나 불평등 때문에 억울했던 경험 이야기하기
— 학교나 집에서 느꼈던 평등하지 못한 상황 이야기하기
— (아이들이 잘 아는) 홍길동이 겪은 차별과 불평등에 관해 이야기하기

책을 소개합니다

영국 작가 조지 오웰George Orwell, 1903~1950이 쓴 ≪동물농장≫
은 우화 형식의 작품입니다. 좀 더 엄밀하게 말하자면 정치 우화로,
≪1984≫와 함께 조지 오웰의 가장 대표적인 작품 중의 하나입니다. 소
련의 공산주의, 정확히 말하면 스탈린의 독재 체제를 비판하기 위해
우화의 형식을 빌렸습니다.

사람들은 누구나 평등한 자유를 누리기를 바라며, 저마다의 낙원
을 꿈꿉니다. 그러나 현실은 녹록지 않습니다. 여러 이유가 있지만, 조
지 오웰이 살았던 20세기 초는 식민주의와 독재정치가 자유와 평등의
가치를 막아서고 있었습니다. 오웰은 1903년, 영국의 식민지였던 인도
에서 태어나 영국의 명문학교인 이튼칼리지를 졸업했습니다. 그리고
인도와 마찬가지로 영국 식민지였던 미얀마에서 경찰로 일하면서 식민지 국
가들의 비참한 상황을 알게 됩니다. 영국, 프랑스 등의 빈민가에서 극
빈 생활을 실제로 체험하기도 한 그는 평등하지 못한 것, 즉 불평등에
지대한 관심을 가지게 되었습니다. 그러던 중 소련의 독재자 스탈린의
모습을 보고 동물들에 빗대어 소련 사회를 비판하게 됩니다.

≪동물농장≫에서 인간의 지배를 받으며 반란을 꿈꿨던 동물들은
결국 인간 대신 동물의 지배를 받게 됩니다. 돼지들은 처음에는 동물
들을 위하는 척하다가, 결국 아홉 마리 개를 통해 폭력적인 방법으로
다른 동물들을 지배합니다. 그리고 돼지들은 점점 인간의 모습으로

바뀌어 갑니다. 인간들이 지배자의 위치에서 자신은 일하지 않고 동물들의 노동력을 이용하여 살던 그 모습처럼 말입니다. 조지 오웰은 독재자 스탈린의 모습을 소설 속 돼지에 빗대어 비판했습니다. '나는 절대 그렇게 하지 않을 것'이라 말하던 혁명가가 막상 그 위치가 되니 과거의 악습들을 똑같이 답습하는 모습을 통해 인간들의 나약함과 잔인함, 이중성을 보여주는 책입니다.

엄마용 해설서 ① 엄마 먼저 읽어보기

시집살이를 혹독하게 한 며느리가 나중에 시어머니가 되면 시집살이를 더 맵게 시킨다는 말이 있습니다. 핍박당했던 사람도 막상 핍박하는 위치에 올라가면 자신이 겪은 악습을 그대로 되풀이하는 일이 그만큼 흔하다는 것이죠. 지위가 바뀌면 사람 또한 바뀌는 것은 어쩌면 인류의 본성일지도 모르겠습니다.

한편, 소설 속 동물들은 농장의 부당함을 절실히 느끼고 모두가 평등하게 일하며 자유롭게 살기를 원했습니다. 평등과 자유는 누구나 추구하는 가치입니다. 아이들과 이 책을 읽고 이야기를 나누며, 가정에서 서로가 지켜야 할 규칙을 온 가족이 평등하게 적용되도록 짜 보는 것이 좋겠습니다.

소설을 읽다 보면 재미있는 대목이 있습니다. 나폴레옹은 나쁜 일이 생기면 모든 걸 경쟁자였던 스노우볼의 짓으로 돌립니다. 나폴레옹은 왜 그런 말을 했을까요? 이에 관해 이야기를 나눠보세요. 아이들에게도 나름의 경쟁자가 있는지와, 그 친구에 대한 나의 마음은 어떻고, 현재 어떻게 대하고 있는지에 관해 대화를 나누면 아이의 마음을 훔쳐볼 뜻밖의 좋은 기회가 될 것입니다.

또 하나 흥미로운 캐릭터는 스퀄러입니다. 권력을 가진 사람 편에 붙어서 사람들을 이용하고 권력을 누리는 스퀄러에 관해 이야기 나누다가 비슷한 캐릭터의 친구가 주변에 의외로 많음을 느끼기도 합니다. 이런 경우 아이가 매우 울분을 느끼는 것도 눈치챌 수 있을 것입니다. 이처럼 아이들의 세세한 감정을 작품 속 캐릭터들을 통해 알아내는 것도 소소한 재미가 됩니다. 캐릭터들의 특징을 비교하며 '나의 역할캐릭터은 무엇일까?'도 생각할 수 있습니다. ≪동물농장≫을 통해 아이들의 마음속을 들여다봅시다.

관심 연결 TIP
— 온 가족에게 평등하게 적용할 수 있는 우리 집 규칙 만들기
— 소설 속 캐릭터와 아이의 상황, 주변 친구, 아이 자신을 연결시켜 대화 나누기

엄마용 해설서 ② 밑줄 좌악

동물들은 돼지들이 하자는 대로 끌려가기보다는 끝까지 자신들이 주인이 되어 그들의 낙원을 이루고자 노력했어야겠죠? 그리고 처음 존서 씨에게 대항했던 것처럼 힘을 합쳐 돼지와 그 부하들에게 저항할 수도 있었을 것이고요. 무조건 복종하기보다 저항해야 하는 이유를 찾으라는 것이 이 책의 메시지 같습니다.

동물들 중에서 유일하게 글을 읽을 줄 아는 캐릭터인 당나귀 벤자민은 돼지들이 잘못하고 있는 사실을 알고 있습니다. 벤자민은 가장 똑똑하지만 큰 일에 휘말리지 않고 그저 안전하게 살기를 희망합니다. 그러든가 말든가 나만 무사하면 된다는 태도로 무관심한 벤자민. 때로는 파리를 쫓기 위해 꼬리를 흔드는 것조차 귀찮아하는 모습이 우리들과 다르지 않으리란 생각이 듭니다. 열심히 일만 하던 복서가 죽고 사랑하는 이를 잃고 나서야 상황에 뛰어들 마음이 생기는 그 이기적인 모습이 우리와 똑 닮아 있어 조금은 속이 아립니다. '끼어들고 싶지 않음'에서 '부당한 일에는 저항하기'로, '나만 살고 보기'에서 '함께 웃고 울기'로 바뀌어야 함을 절실히 느끼는 대목입니다.

알아보기

● 이 책에 나오는 대표적인 동물들의 잘못을 하나씩 살펴볼까요?

  • 나폴레옹 :

  • 복서 :

  • 벤자민 :

  • 스노우볼 :

이유 알아보기

● 동물농장의 나폴레옹은 왜 독재자가 되었을까요?

생각해보기

● 나폴레옹과 돼지들은 동물농장의 일곱 가지 규칙을 만들었습니다. 집안일 때문에 힘들어하는 엄마와 자주 싸우는 형제들도 있고 숙제하느라 힘든 우리들도 있습니다. 평화롭고 행복한 우리 집을 만들기 위해 공정하고 지킬 수 있

는 우리 집만의 일곱 가지 규칙을 만들어봅시다.

규칙 1 _____

규칙 2 _____

규칙 3 _____

규칙 4 _____

규칙 5 _____

규칙 6 _____

규칙 7 _____

생각이 글로   ⋯▶ 유선 공책 또는 20줄 내외의 글쓰기 종이를 준비해주세요

● 새로운 동물농장 주인에 내가 새로 뽑혔습니다. 이전의 동물농장 주인인 나폴
   레옹의 잘못을 비판하고 앞으로 동물농장을 어떻게 이끌어 나갈지를 연설문
   형식으로 써보세요.

나라면
그런 선택을
할 수 있을까?

강무홍의 ≪까만 나라 노란 추장≫

책이 주는 힘

"선생님, 저 손가락이 아파서 글을 못 쓰겠어요."

수업 시간에 글을 쓰라고 하면 손가락이 아프다는 핑계를 대는 학생이 많습니다. 그래서 저는 방과 후 학교 수업을 해온 17년 동안은 상처연고와 대일밴드를 늘 가지고 다녔습니다. 손가락에 상처가 났다고 해봤자 얼마나 미미한지 돋보기를 들고 봐야 보일 정도입니다. 그래도 정성스럽게 연고를 바르고 밴드를 붙여주면 아이들은 만족한 표정을 지으며 "이제는 글을 쓸 수 있어요. 손가락 안 아파요."라며 미소 짓습니다.

그러던 어느 날부터인가 저의 야매 치료법에 불만이 생겼는지, 수업이 시작되었는데도 어딘가 아프다며 보건실을 너무 자주 가는 것이었습니다. 손가락이 아프다고 하면 제가 연고와 밴드를 바로 붙여줘 버리니까 제가 치료할 수 없는 곳이 아프다고 합니다. 가령 머리가 아프다든지, 배가 아프다든지, 속이 울렁거린다고 하는 것입니다. 아무리 그래도 그렇지 무슨 전염병에 걸린 것도 아니고 보건실에 가는 횟수가 너무 잦았습니다. 게다가 제가 수업하는 교실은 동쪽 끝 5층 교실이고 보건실은 1층 서쪽 끝입니다. 거리상으로 학교 끝에서 끝입니다. 엄청 먼 것이죠. 저의 촉이 발동하여 고급 정보를 알아낸 결과, 예쁘고 젊고 착한 선생님이 임시 보건 선생님으로 와계시다는 겁니다. 아뿔싸, 예쁘고 착한 것은 제가 거의 세뇌시키듯 밀고 있는 콘셉트인데, 젊다는 데서 두 손을 들 수밖에 없었습니다.

그런데 이게 웬일입니까? 어느 날인가 배가 아프다는 아이를 보건실로 보냈더니 가다 말고 교실로 돌아왔습니다. 왜 다시 왔냐고 물었더니 이렇게 말합니다.

"선생님, 원래는 배가 많이 아팠는데 가다가 깨끗이 다 나았어요. 이제는 안 아파요."

그로부터 며칠 후 제가 보건실을 찾을 일이 생겼습니다. 친절한 보건 선생님을 만날 생각에 잔뜩 기대하는 마음으로 보건실 문을 두드렸습니다. 그런데 막상 만나본 선생님은 무뚝뚝해도 그리 무뚝뚝할 수 없는 데다 말투나 표정도 무섭다 못해 위협적인 분이었습니다. 친절하고 예쁜 선생님은 대체 어디 있는 걸까요? 알고 보니 임시 보건 선생님 대신 원래 보건 선생님이 복귀한 것이었습니다. 그때부터 몸이 아프더라도 보건실에는 가고 싶지 않다는 아이들이 늘었습니다. 보건실로 보내면 '아파서 갔는데 혼날 것 같아 무섭다.'는 이유로 되돌아오는 일이 잦아졌습니다. 이후 그 선생님에 대한 민원이 많아 시정되었다고는 합니다. 이렇듯 어린아이들 또한 자신을 인격체로 존중해주는 사람에게 끌립니다. 인지상정인 것입니다.

누군가에게 자석처럼 마음이 끌린다면, 그것은 마음에 마음이 반응한 결과입니다. 나이나 국적, 인종이 아니라 상대의 마음에 끌리는 것입니다. 많은 사람들이 자주 찾는 곳을 보면 식당, 카페, 병원, 도서관 등을 막론하고 공통점이 있습니다. 찾아온 이들을 진심으로 대하는 사람이 있다는 것입니다. 그런 곳에는 한 번이라도 더 가게 되는 게 당연한 일이죠. 하지만 사람이 사람을 진심으로 대한다는 게 말처럼 쉽지만은 않습니다.

같은 학교 학생의 마음도 끌기 어려운 것이 현실이고, 동네 사람들 인심을 얻는 데도 많은 노력이 필요합니다. 하물며 낯선 장소에서 잘 모르는 사람들의 마음을 열어야 한다면, 얼마나 힘들겠습니까.

그 힘든 일을 해낸 분들이 있습니다. 아프리카 사람도 아니고 심지어 피부색도 다른데 그곳의 추장으로 대우받은 한상기 박사님과, 수단의 오지 톤즈에서 현대판 슈바이처로 불리며 존경받은 고故 이태석 신부님입니다. 한상기 박사는 1970년대 초에 머나먼 아프리카 나이지리아로 떠나, 긴 세월 동안 그곳의 식량 부족 문제를 해결하기 위해 노력해온 분입니다. 이태석 신부는 안타깝게도 젊은 나이에 세상을 떠났으나 남수단의 교과서에 실리며 머나먼 수단 사람들의 역사적 영웅으로 기억되고 있습니다. 한상기 박사에 관한 책 ≪까만 나라 노란 추장≫과 고故 이태석 신부의 삶을 다룬 영화 <울지 마, 톤즈>를 통해 그분들의 삶으로 잠시 들어가 보겠습니다.

📖 관심 연결 TIP
— 주변 사람들을 돌아켜보고, 사랑의 마음을 얻는 일의 어려움을 이야기하기
— 머나먼 나라에서 존경받는 사람이 된다는 건 얼마나 대단한 일인지 이야기하기

책을 소개합니다

≪까만 나라 노란 추장≫의 책 표지를 보여주면서 무슨 이야기일 것 같냐고 물어보니 "인종차별에 관한 이야기일 것 같아요."라는 대답이 제일 많이 나왔습니다. 일단 두 가지 다른 인종이 등장한다는 건 얼추 맞췄습니다.

이 책은 한상기 박사의 일대기를 담은 위인동화로, 그가 아프리카 나이지리아에서 23년간 식량 생산 증진을 위해 연구하며 자신의 삶을 희생한 실화를 그렸습니다. 봉사의 삶으로 아름다운 인간애를 보여준

그에게 요루바족 사람들은 급기야 '세레키'라는 추장 이름을 부여했는데, 이는 '농민의 왕'이라는 뜻입니다. 한상기 박사는 1971년, 38살의 나이에 나이지리아로 건너가 23년을 지냈습니다. 그 사이 자녀들은 훌쩍 커버리고, 본인은 환갑을 넘겨서까지 머나먼 타국에서 지냈으니 그 외로움이 얼마나 컸을지 상상도 되지 않습니다. 실제로 그는 나이지리아에서의 삶을 회고하며 "광야 같은 삶이었다."라고 고백한 바 있습니다. 아프리카의 주요 식량인 카사바 TV 프로그램인 '정글의 법칙'에 등장하여 요즘은 아이들도 익히 알고 있습니다, 얌, 바나나 연구 등을 통해 식량 생산을 증진시킨 것은 물론 교육에도 힘썼습니다. 단순히 도와주고 끝나는 것이 아니라 그곳 사람들이 직접 물고기를 잡을 수 있도록, 다시 말해 직접 식량 문제를 스스로 해결할 수 있도록 많은 노력을 기울였습니다.

그 과정은 순탄치만은 않았습니다. 카사바 밭에 불어 닥친 재앙, 즉 면충으로 인해 수확을 거의 못한 해도 있었습니다. 그 외에도 어려움이 많았으나 면충의 피해를 철저하게 파헤치고, 실패와 연구를 거듭한 결과 드디어 카사바의 원래 크기보다 3배나 큰 카사바 개량종을 개발하기에 이르렀습니다. 식량 문제에 이렇게 온 힘을 쏟았으니 과연 농민의 왕이 될 법합니다. 이 책은 아프리카로 건너가 한상기 박사가 기울인 여러 노력과 성과들에 대해 이야기하며, 짧지만 강한 메시지를 전달합니다. 가치 있는 일이란 무엇인가에 대해 아이들과 생각을 나눌 만한 좋은 책입니다.

엄마용 해설서 ① 엄마 먼저 읽어보기

신학기가 되면 아이들과 엄마들의 공통된 관심사가 있습니다. 바로 학급 회장, 부회장 선거입니다. 물론 2학기에도 선거가 있긴 하지만, 신학기에는 그 관심이 지나쳐 회장 선거가 있는 날이면 교문 앞에서 각 반의 선거 결과를 수집하는 웃지 못할 일이 일어나기도 합니다. 아이들에게 회장에 출마하는 이유를 물었습니다.

"회장을 하면 내 말을 잘 들으니 기분이 좋아요."

"나는 하기 싫은데 엄마가 나가라 했어요. 그리고, 회장이 되면 게임기 사주신다 했어요."

"회장을 하면 나한테 뭐든지 물어봐주니 기분이 좋아요."

그렇습니다. 아이들이 권력의 맛을 아는 게지요. 힘이 있는 곳에 권위와 혜택이 몰린다는 것을요. 아이들도 이런데, 어른이 우월한 위치를 포기하고 남다른 선택을 하기란 정말 쉽지 않은 일입니다.

한상기 박사는 서울대 농과대를 졸업하고 미국 미시간 주립대 대학원을 다닌 수재로, 한국에 돌아온 후로는 모교인 서울대에서 강의를 하고 있었습니다. 그러던 중 운명처럼 두 곳에서 프러포즈가 들어옵니다. 영국의 케임브리지 대학 연구소와 나이지리아의 국립 농업연구소가 그곳이었습니다. 누가 봐도 답은 뻔해 보였죠. 그런데 한상기 박사는 가고 싶은 곳보다 필요로 하는 곳을 선택합니다.

이 책으로 수업할 때, 학생들에게 "만약 나였다면 어떻게 했을까?"

질문했습니다. 25퍼센트 정도는 아프리카로 떠나겠다고 대답했지만, 거의 대부분은 '당연히 영국'을 택한다고 말했습니다. 심지어 당시는 아프리카로 가는 방법도 별로 없어서 여정 또한 멀고 험했을 것입니다. 그가 한국 땅을 떠났을 때가 1971년이니 모르긴 해도 여러 번의 환승을 거쳐 일주일은 족히 걸려서 아프리카로 건너갔을 것입니다. 진로와 지위를 떠나서, 그냥 여행으로 선택하기도 쉽지 않은 지역이었던 겁니다.

이 책을 통해 그의 업적은 물론이고, 그가 했던 '선택'에 대해서 아이들과 이야기 나눠보면 좋겠습니다.

《까만 나라 노란 추장》과 함께 이야기하면 좋은 주인공은 고故 이태석 신부입니다. 아프리카 수단의 오지에서 슈바이처와 같은 짧은 생을 살다 간 신부님의 삶도 '선택'과 연결 지어 생각해보면 좋습니다.

이태석 신부 역시 의대를 졸업하고 신부 수사가 된 수재였습니다. 내전이 있었던 아프리카 수단으로 간 그는, 그리스도의 사랑을 전파하기 위해서는 육신의 질병을 고치거나 성당을 짓는 것보다 교육이 더 시급하다고 생각해 학교를 설립합니다. 또한 내전으로 몸과 마음이 피폐해진 아이들을 모아 밴드를 만들고, 음악으로 그들을 치유합니다. 악기와 글을 가르치고, 아픈 사람들을 치료해주기까지 하는 신부님은 수단에서도 오지에 위치한 톤즈 마을에서 빛과 희망 같은 존재였습니다. 연세 지긋한 할아버지마저도 이태석 신부를 아버지와 같은 존재로 여겼을 정도니까요. 이 같은 인터뷰 영상은 그의 삶이 어땠느냐를 잘 보여줍니다.

《까만 나라 노란 추장》 이야기를 듣고, 이태석 신부의 일대기를 담은 영화 <울지 마 톤즈>까지 보고 나면 까불거리던 아이도 금세 진지해집니다. "앞으로 어떤 삶을 선택해야 할까?"라는 물음에 자못 진중한 태도를 보입니다. 로또에 당첨돼 혼자 잘 먹고 잘 살겠다는 둥 허무맹랑하면서도 호기 어린 평소 태도는 온데간데없고, 너 나 할 것 없이 가치 있는 삶 앞에 숙연해집니다. 우리 아이들이 그처럼 훌륭하게 살기란 어려울지 모릅니다. 그러나 위인들을 통해 삶에 대해 진지한 물음을 던지고, 엄숙한 다짐을 해보는 좋은 시간이 될 것입니다. 또한 나 자신의 삶에 반성이 되기도 합니다.

 관심 연결 TIP
── 한상기 박사의 인류애적 선택에 관해 이야기하기
── 이태석 신부의 이야기(영화)와 연결 지어 읽기
── 앞으로 어떤 삶을 선택할 것인지, 가치 있는 삶이란 무엇인지에 대한 화두 던지기

엄마용 해설서 ② 밑줄 쫙악

아프리카 광야에서

아프리카에서 산다는 건 참으로 외롭고 어려운 생활의 연속이지요

끝없이 이어지는 낯선 땅에서 오직 우리 내외만이 얼굴 맞대고

외로움을 달래 가며 살아온 것이지요

스무 해 넘게 그렇게 고통 삼켜가며 살아온 것이지요

한상기 박사님의 명상 시집의 일부입니다. 아름답지만 외면당하는 땅에서의 타향살이가 녹록지 않았음을 잘 보여주는 것 같습니다. 안락하고 보장된 미래를 뒤로 하고 선택한 것에 최선을 다한 후, 그에 관해 고백하는 듯한 이 시를 읽을 때면 숙연해집니다.

앞서도 말했지만, 예전에 저는 독립운동을 당연한 것으로만 생각했었습니다. 나라와 공동체를 위해 희생하고 남을 먼저 생각하는 것을 너무 쉽게 여겼던 과거가 부끄럽기까지 합니다. 그러한 가치를 실제 삶에서 선택하고 그것을 위해 살아가기란 얼마나 큰 용기가 필요한 것인지. 저 자신이 가정을 가지고 살아 보니 이제야 절감합니다.

아이들과도 이런 대화를 나눠보세요. 살다 보면 선택의 순간이 오기 마련입니다. 그런 때 어떤 기준을 가지고 선택해야 할지에 관해 이야기해보십시오. 위인들의 삶은 '어떻게 살아야 할 것인가'라는 물음

에 관한 정답지와 같습니다. 이 짧은 동화책은 삶의 순간순간, 앞으로 만 계속 전진하던 걸음을 잠시 멈추고 가치 있는 선택을 하는 데 도움 이 될 것입니다.

마음 알기

● 요루바족 사람들은 무슨 생각에서 한상기 박사를 추장으로 추대했을까요?

방법 찾아보기

● 나보다 형편이 안 좋거나 힘들게 사는 사람을 보면 어떤 생각이 드나요? 그리고 그들을 어떻게 도와주면 좋을지 구체적으로 써보세요.

생각이 글로   ⋯▶ 유선 공책 또는 20줄 내외의 글쓰기 종이를 준비해주세요

● 내게는 다른 사람을 도울 수 있는 어떤 능력이 있으며, 남에게 도움을 주려면 지금 내가 무엇을 준비해야 할까요? 자세하게 써보세요.

길들여진다는 것은
서로에게 의미 있는
존재가 된다는 것

생텍쥐페리의 ≪어린 왕자≫

책이 주는 힘

결혼하기 전 중학교에서 근무할 때였습니다. 발달 장애를 가진 남학생이 있었는데, 이 친구는 수업을 듣기보다는 학교에서의 거의 모든 시간을 교내 곳곳을 순찰하면서 보냈습니다. 제일 먼저 등교해서 교문 앞에서 전교생들을 맞이하며 인사하고 저희 교직원들의 신발을 다 기억했다가 현관에 가서 실내화를 꺼내 줬습니다. 수업 시간에는 근엄하게 뒷짐을 지고 온 학교를 돌아다니며 쓰레기를 줍고, 교실 밖에 돌아다니는 아이들을 각자의 교실로 보내줍니다. 용모 또한 어찌나 준수한지 교복도 항상 반듯하고 깔끔하게 입고 다녔습니다. 몇몇 주부 선생님들은 그 아이를 보면 학생의 부모 마음이 이해되어 안타까운 마음에 더 잘 챙겨주기도 했습니다.

3년을 꼬박 이렇게 학교를 위해 봉사하고 졸업할 때가 되었습니다. 학교에서는 그동안의 공로를 인정하여 규정에도 없는 공로상을 하나 만들어 그 학생에게 수여했습니다. 졸업 후 상급학교로 진학하지 않았기에 한참을 중학교에 오다가 어느 순간부터 오지 않았고, 우리들은 그 아이가 많이 아프다는 사실을 전해 들었습니다.

그 아이는 항상 일정하게 행동했고, 일정한 시간에 나타났습니다. 그러던 아이가 사라지니 모두가 잠시 집단 멘붕 상태에 빠졌습니다. 저도 모르게 시계를 보고는 교문을 바라보기도 했습니다. 모두가 자동적으로 그 아이를 기다리니 어느 선생님이 말했습니다.

"우리 모두 그 아이에게 길들여져 있었군"

모두들 조용히 고개를 끄덕였던 기억이 납니다.

아이들과 엄마는 어쩌면 서로에게 소비한 시간들로 인해 길들여지고 있는 건지도 모릅니다. 생텍쥐페리의 소설 ≪어린 왕자≫를 통해 길들여진다는 것에 대해 공부해 보겠습니다.

 관심 연결 TIP
— 내 주위에 항상 있던 존재가 사라진다면 어떤 기분이 들지 이야기하기

책을 소개합니다

명작은 여러 번 읽어도 읽을 때마다 그 느낌과 생각이 다르며, 언제 읽느냐에 따라 다른 메시지를 발견하게 만듭니다. 같은 책이라도 어릴 적 멋모르고 읽었던 때와 철들고 나서 읽었을 때의 느낌이 완전히 다르듯 말입니다. 한 권을 여러 번 읽으라는 어른들 말씀은 이 때문인 것 같습니다.

어린 시절에는 '꽃과 어린 왕자'라는 노래도 참으로 즐겨 불렀습니다. "밤하늘에 빛나는 수많은 별들 중에서 유난히도 작은 별이 하나 있었는데"라는 가사로 시작하는 노래입니다. 얼마 전 수업을 하면서 이 노래를 들려주었는데 아이들은 감동하긴커녕, 급기야 촌스러운 옛날 노래라고 말하더군요. 정서가 우리 세대와는 많이 차이 남을 새삼 실감했습니다.

≪어린 왕자≫를 쓴 생텍쥐페리Antoine de Saint-Exupéry, 1900~1944는 잘 알려진 대로 프랑스의 작가이자 비행기 조종사였습니다. 1900년, 프랑스 리옹에서 태어난 그는 다수의 작품을 쓴 소설가이며 수필가인 동시에 비행기 조종사군용기 조종사였습니다. 이 작품은 1943년도에 발표한 것으로, 생텍쥐페리는 이듬해인 1944년 7월 프랑스 정찰을 위해 나갔던 비행에서 돌아오지 않았습니다. 사막 한가운데서 어린 왕자를 만난 비행기 조종사처럼 말입니다.

대략적인 줄거리를 살펴보면, 어느 비행사의 비행기가 사하라 사막

가운데에서 고장 납니다. 그곳에서 그는 우연찮게 불시착한 어린 왕자를 만나게 됩니다. 어린 왕자는 자신이 살았던 별의 이야기, 그 별에 있었던 장미 이야기에서부터 지구에 오기까지 여행한 일곱 별에 대한 이야기를 합니다. 그리고 지구에 온 후에는 여우를 만나 길들여진다는 것에 대해 깨닫습니다. 어린 왕자는 지구에 온 지 1년 만에 자신만의 장미꽃이 있는 별로 다시 돌아가고, 비행기 조종사는 슬픔과 아쉬움을 간직한 채 어린왕자와 작별을 고한다는 이야기입니다.

엄마용 해설서 ① 엄마 먼저 읽어보기

어른이 된 후 ≪어린 왕자≫를 여러 번 다시 읽었습니다. 그때마다 새롭게 마음을 울리는 수많은 명대사들이 있습니다. 그중에서도 다음 대목이 떠오르는군요.

> 세상에서 가장 어려운 일은 사람이 사람의 마음을 얻는 일이란다.
> 각각의 얼굴만큼 다양한 각양각색의 마음을 순간에도 수만 가지의 생각이
> 떠오르는데, 그 바람 같은 마음을 어물게 한다는 건 정말 어려운 거란다.

이 대목을 예로 들자면, 바람 같은 마음에는 어떤 것들이 있을지에 관해 아이들과 대화해보면 재미있을 것입니다.

한편, 길들여짐의 소중함을 깨달은 어린왕자는 정원에 핀 그 수많은 장미꽃들이 자기에게는 아무런 가치가 없음을 알게 됩니다. 우리의 삶도 그렇습니다. 만나고 접하는 수많은 존재가 나의 삶에 영향을 끼치지만, 그중에서도 가장 소중하고 가치 있는 것은 나의 아이들과 가족입니다. 이 책을 통해 아이와 함께 서로에 길들여진다는 것이 얼마나 가치 있고 소중한 일인지 이야기하는 시간을 가져도 좋을 듯합니다.

실제로 ≪어린 왕자≫를 읽고 길들여진다는 것에 대한 글쓰기를 해 보면, 아이들은 길들여져 있는 존재 1위를 엄마로 꼽으며 엄마에 관한 이야기를 제일 많이 쓴답니다. 자녀들과 더불어 서로가 서로에게 소중한 존재이며 길들여져 있다는 데 대해 이야기 나누면 더없이 행복한 시간이 될 것입니다.

엄마용 해설서 ② 밑줄 쫘악

어린 왕자가 지구에서 만난 지혜로운 여우는 길들여짐 외에도 선물로 또 다른 비밀을 하나 알려 줍니다. 바로 이 대목입니다.

아주 간단한 거야 잘 보려면 마음으로 보아야 해.

가장 중요한 것은 눈에는 보이지 않거든.

마음으로 보는 일이란 참으로 어려운 일이며 어른이 되어서도 쉽지 않은 부분입니다. 이처럼 조금은 철학적이고 어려운 이야기를 아이들에게 살짝 던져 놓는 것도 그리 나쁘지만은 않을 것 같습니다. 5학년 이상이면 어렴풋하게나마 이해할 수도 있을 겁니다. ≪어린 왕자≫ 속 수많은 명대목 중에서도 여우가 들려주는 지혜의 말들을 한 번 더 곱 씹어볼까요.

"네 장미가 네게 그렇게 소중한 것은 그 장미를 위하여 잃어버린 시 간 때문이야."

"사람들은 이런 진리를 잊고 있어. 그러나 너는 그것을 잊어서는 안 돼."

"언제나 네가 길들인 것에 대해서는 책임을 져야 해. 넌 네 장미에 대 해 책임이 있는 거야."

여우가 알려주는 이 같은 비밀을 아이들과 공유하며, 여우가 말하 는 '책임'이란 무엇인지에 관해 숙제를 던져주는 것도 의미 있는 공부 가 될 것입니다.

관심 연결 TIP
── 작품 속 어린 왕자와 여우와의 대화 속에서 여우가 알려주는 '비밀'을 찾아보기

차이점 알기

● 어린 왕자가 정성을 다해 가꾼 한 송이 장미와 정원에 있는 수많은 장미는 어
떤 점이 다른가요?

내용 기억하기

● 여우는 언제나 같은 시간에 찾아오면 가슴이 뛸 거라고 어린 왕자에게 이야
기했습니다. 그 이유는 무엇인가요?

생각이 글로

⋯▶ 유선 공책 또는 20줄 내외의 글쓰기 종이를 준비해주세요

● 우리에게도 어린 왕자의 소중한 꽃 한 송이와 같은 존재가 있을 것입니다. 길
들여진다는 것에 대해 써봅시다.

엄마도
엄마가 처음이라
힘들 때가 있단다

앤서니 브라운의 《돼지책》

책이 주는 힘

어느 남학생이 쓴 글 중에 이런 내용이 있었습니다. '나는 커서 꼭 우리 엄마처럼 되고 싶다. 엄마가 부럽기 때문이다.' 이런 비범한 대목을 읽고서 그냥 넘어갈 수 없는 노릇이죠. 직업병이 발동하여 글의 의미를 물었습니다. 그랬더니 아이의 대답은 이랬습니다.

"우리 엄마는 집안일은 하는지 안 하는지 잘 모르겠고, 매일 커피 마시고 쇼핑하러 다녀서 정말 부러워요."

참으로 철없는 아들이 아닐 수 없습니다. 엄마가 스트레스를 내색하지 않으니 아이 눈에는 노는 것 같은 모습만 포착되는 것일지도요

그리고 보니 제 아이가 어렸을 적 생각이 납니다. 아이가 아주 어렸

을 때, 자다가 문득 눈이 떠졌습니다. 본능적으로 건넌방에 있는 딸에게 가보니 열이 펄펄 나고 있었습니다. 얼른 옷을 벗겨 미지근한 물로 닦아주고, 칭얼대는 아이를 재우며 문득 그 생각이 들었습니다. '내가 엄마긴 엄마구나.' 지금도 가끔 그 밤을 떠올리면 자다가 어떻게 일어난 것인지 도무지 이해가 안 갑니다. 엄마로서의 본능이 발동했기에 가능한 일이었던 것 같습니다. 운동회를 할 때 전교생이 운동장에 모여 있어도 저 멀리서부터 내 아이만은 또렷하게 보이는 것이 엄마입니다.

이처럼 엄마이다 보니 초능력을 발휘하게 되기도 하지만, 엄마라서 힘든 부분도 많습니다. 특히 엄마라는 역할은 참 어려운 것 같습니다. 매일 밀려드는 집안일을 하는 동시에 아이들을 돌봐야 하죠. 아침에 깨우고 씻기는 일부터 밤이 되어 재우기까지, 아이를 돌보는 것만 해도 세세하게 손이 안 가는 데가 없는데 그 와중에 집안일도 하고 가정 대소사도 챙겨야 합니다. 이처럼 아이들과 가정을 보살피기만도 힘든데 아이 지능은 엄마에게 달렸다는 등, 엄마의 양육 방식에 따라 아이 성격이 바뀐다는 등 아이의 모든 면에 대한 책임을 엄마들에게 떠넘기는 말을 들을 때면 그 중압감에 짓눌리는 듯 가슴이 답답해집니다.

날 때부터 엄마로 태어나는 사람은 없습니다. 우리 엄마들도 알고 보면 모두 초보 엄마입니다. 그렇다 보니 좌충우돌의 연속이지요. 적어도 둘째, 셋째 정도 되어야 육아도 학습이 되는 것 같습니다. 저 같이 달랑 하나일 경우에는 아이를 키우는 모든 과정이 실험이고 모험인 경우가 많습니다.

이런 엄마들을 위해 추천할 만한 책이 있습니다. 영국 작가 앤서니 브라운Anthony Browne, 1946~의 ≪돼지책≫입니다. 처음에는 단순하게 접한 책이었는데, 읽으면 읽을수록 생각할 거리가 많아지더군요. 가볍게 들어갔다가 무겁게 나오는 책이기도 합니다. 피할 수 없으면 즐기고, 바꿀 수 없으면 길들여야 하는 법! 이 작품을 통해 철없는 아들들과 남편 길들이기 비법에 대해 한번 알아봅시다.

관심 연결 TIP
── 엄마도 엄마가 처음이라 힘들었던 부분에 대해 이야기하기
── 작품 속 남편과 두 아들의 모습과 우리 집 모습을 비교해보기

책을 소개합니다

먼저 이 책은 표지가 아주 인상적입니다. 제법 덩치가 있는 남편과 아무 생각 없이 해맑게 웃고 있는 두 아들, 이렇게 총 세 명을 엄마가 무표정하게 업고 있는 그림입니다. 책장을 펼치면 가족 소개가 나옵니다. 그다음 장을 넘겨볼까요?

남편과 아들들은 아침마다 밥 달라고 외치고는 배를 채우면 "아주 중요한" 회사와 학교로 횅하니 갑니다. 엄마는 혼자 집안일을 다 한 후

에 밖에 일을 하러 나갑니다. 그리고 다시 돌아오면 손 하나 까딱하지 않는 아들들과 남편을 위해 또다시 빨래를 하고 청소하고 음식을 준비합니다. 결국 참다못한 엄마는 '너희들은 돼지야'라는 쪽지 하나만을 남긴 채 집을 나가버립니다. 그러자 아름다운 튤립 벽지는 돼지 벽지로 바뀌고 그릇, 가전제품, 가구 등 모든 것이 돼지 모양으로 바뀌며 집안은 돼지우리가 되고 맙니다. 셋은 마치 돼지처럼 킁킁대며 치우지도 않고 서로 싸웁니다. 깔끔하던 옷매무새는 어디 가고 생활은 점점 끔찍해지며, 집안은 상상을 초월하게 됩니다.

그러던 어느 날 엄마가 돌아오고 남자들은 마침내 반성합니다. 엄마의 부재를 뼈저리게 느낀 셋은 이전의 그들이 아닙니다. 엄마 혼자 하던 집안일을 이제 온 가족이 나눠서 하게 됩니다. 그제야 책 내내 한 번도 나오지 않던 엄마의 옅게 미소 띤 얼굴이 등장하며, 엄마의 직업이 밝혀집니다. 엄마는 자동차 수리공이었습니다.

아이들에게 이 책을 물어보면 모두들 "어렸을 때 읽었어요!"라며 자신 있게 소리칩니다. 그래도 저는 한 장 한 장 읽으며 집안일이 오롯이 엄마 혼자의 몫이었음을 상기시키고, 앤서니 브라운이 익살스러운 그 그림 속에 숨겨놓은 의미를 짚어가며 수업합니다. 그러면 마치 ≪돼지책≫ 속 두 아들처럼 수업을 듣던 아이들의 태도가 점차 바뀌는 것을 목격합니다.

동화책은 어떤 변화를 염두에 두고 쓰여집니다. 생각을 변화시키고,

태도를 바꾸고, 나아가 행동을 변화시키고자 하는 것이 거의 모든 동화책의 의도입니다. 《돼지책》은 그런 면에서 아주 효과적인 책이라 하겠습니다. 어린 시절에 읽은 책을 나중에 엄마와 함께 읽으며 의미를 더 잘 파악하게 되는 경우가 있는데, 이 작품이 바로 그렇습니다. 아기 때 읽은 책에서 다시 메시지를 발견한 아이들은 그간의 자신을 돌이켜 보고 변화를 다짐하곤 합니다.

여담이지만, 저는 책 표지에서 '글, 그림, 앤서니 브라운'이란 대목만 봐도 기대감이 듭니다. 진지한 주제와 재미있는 그림의 절묘한 조합이 어른이 읽어도 색다른 재미와 감동을 느끼게 합니다. 앤서니 브라운은 동화작가가 되기 전 학교에서 그래픽 디자인을 전공하고 화가로도 활동했다고 합니다. 그 덕분에 수준급의 묘사로 '동화책이 이렇게 재밌을 수 있구나'를 알게 해주는 작가입니다.

엄마용 해설서 ① 엄마 먼저 읽어보기

항상 그런 것은 아니지만 《돼지책》 이야기를 하다 보면, 가사 노동을 엄마 혼자 떠맡는 데 대해 열변을 토하게 됩니다. 이 부분에서만큼은 저도 모르게 개인적인 감정이 심하게 이입되기도 합니다. 그런데 요즘은 아이들과 집안 풍경을 이야기하면서 적잖이 놀랄 때가 많습니다. 엄마와 아빠가 비슷한 정도로 집안일을 하거나, 심지어는 아빠가 엄마보다 더 많이 하는 집도 있어서입니다. 어느 학생의 경우, 맞벌이 가정인데 엄마가 아빠보다 늦게 마칠 때면 아빠가 유치원과 학교에서 돌아온 자녀들의 저녁을 먼저 챙겨 먹인답니다. 다 먹이고 음식물 쓰레기까지 처리하고 나면 엄마가 퇴근해서 집에 옵니다. 그러면 엄마는 숙제 등을 확인하고 씻기고 나머지 집안일을 한다는 것입니다. 이런 경향은 저학년일 경우 더 많았습니다. 이를 통해 30대 젊은 세대 부부들의 생활 양식이 변화하고 있음을 감지하곤 합니다.

그럼에도 여전히 여성으로서, 그리고 엄마로서 받는 역할의 강요와 차별적 대우는 존재합니다. 최근 화두가 된 ≪82년생 김지영≫이라는 책은 성차별을 당하는 30대 여성의 삶을 그린 소설입니다. 여전히 이런 일을 겪거나 이와 비슷한 어려움을 겪은 이들이 많기에 공감을 이끌어내고 베스트셀러가 되었을 것입니다. 그러나 아이들이 이런 엄마의 고충을 헤아리기는 힘든 일입니다. 엄마가 이미 다 해놓은 상태에서 결과만 보니 도깨비 방망이처럼 뚝딱 집안일이 해결되고 밥이 나오는 줄 압니다. 식탁에 음식이 올려지고, 타이밍 맞춰 간식이 주어지기까지 그 중간 과정은 전혀 모릅니다. 아침에 눈 뜨면 잘 다려진 옷이 저절로 나오는 줄 알죠.

≪돼지책≫에 나오는 엄마도 다른 가족들이 회사와 학교에 가고 나서 혼자 우렁 각시처럼 모든 집안일을 감당했습니다. 그러다 결국 폭발하죠. 조금은 유치할지 모르나 아이들과 한 가지 음식을 정해서 그

음식을 준비하거나, 일정 주기로 가족 데이를 지정해서 그날 저녁을 함께 준비해보세요. 그러면 엄마의 마음을 이해하는 데 약간이나마 도움이 될 것입니다. 의식주가 '금 나와라 뚝딱, 은 나와라 뚝딱' 식으로 해결되는 것이 아님을 아이들에게 차근차근, 변명이 아닌 정확한 사실에 기반해 알려줄 필요가 있습니다.

관심 연결 TIP
— 작품을 읽고 집안일을 가족들이 분담할 방법에 관해 논의해보기
— 특정한 음식, 또는 특정한 날은 온 가족이 힘을 합쳐 저녁 준비하기로 약속하기

엄마용 해설서 ② 밑줄 쫘악

이 책의 마지막에 이르면, 그전에는 전혀 보이지 않았던 엄마의 웃는 표정이 나옵니다. 그리고 "엄마도 행복했습니다."라고 합니다. 맞습니다. 엄마가 행복해야 합니다. 엄마가 자신의 삶에 만족하지 못하면 아이들과 남편에게 짜증이 나고, 그 불만스러움이 표정에 드러나기 마련입니다. 돼지 엄마가 무표정했던 것처럼요.

아이들과 남편에게만 레이더를 맞추지 말고, 헬리콥터 맘처럼 아이들 주변만 맴돌지 말고, 나 자신 그러니까 엄마가 행복한 일을 찾아서 그것을 누려야 합니다. 수다든, 운동이든, 쇼핑이든, 취미생활이든 말이죠.

그리고 마지막으로, '아주 중요한 회사'와 '아주 중요한 학교'뿐 아니라 엄마의 일과 직장, 우리 가정의 집안일 모두가 '아주 중요한 것'임을 알려주어야 합니다. 말하지 않으면 모릅니다. 짐작해서 알겠거니 하지만 그 보이지 않는 수고로움을 생각보다 모릅니다. 그러니 그 중간 단계를 늘 브리핑하고 알립시다. 그것이 대화가 되기도 합니다.

≪돼지책≫을 읽고 엄마의 행복할 권리를 알리며, 나아가 집안일을 협력해서 할 방법이나 대화를 통해 서로의 고충을 나눌 방법을 찾으세요. 그러면 작품 속 돼지 벽지가 다시 튤립 벽지로 바뀌듯, 우리 집에도 아름다운 꽃이 필 것입니다.

• • • • • • • • • • • • • • • • •

입장 바꾸기

● 엄마가 하는 일 중에서 제일 재미있을 것 같은 일은 무엇이고, 제일 재미없고
  힘들어 보이는 일은 무엇인가요?

방법 찾아보기

● 내가 어른이 되면 제일 하고 싶은 일은 무엇입니까? 그 이유는 무엇인가요?

생각이 글로   ⋯▶ 유선 공책 또는 20줄 내외의 글쓰기 종이를 준비해주세요

● 엄마의 하루와 나의 하루가 바뀌었습니다. 엄마가 되어 하루를 살아보세요.

뚜벅뚜벅
꾸준히
위대함은 그렇게 완성된다

장 지오노의 《나무를 심은 사람》

책이 주는 힘

저벅, 저벅, 저벅··· 모스 아저씨는 오늘도 승강장 청소를 마치고, 지하정원으로 익숙한 발걸음을 옮깁니다.

《지하정원》이라는 동화책의 마지막 문장입니다. 주인공 모스 아저씨는 아주 오랫동안 지하철 청소부로 일했습니다. 어느 날부터 지하차로 옆에서 나는 악취를 없애기 위해서 고민하던 아저씨는 지하정원을 만들 계획을 세웁니다. 매일 청소하는 환기구에 지하정원을 가꾸자그 속에서 자란 나무가 환기구 바깥은 물론 지하철 근처까지 자라나서 도시 사람들에게 작은 쉼터가 된다는 내용입니다.

주인공 모스 아저씨는 자신의 맡은 일에 남다른 책임감을 가지고, 누구 하나 알아주지 않아도 최선을 다하는 사람입니다. 이 짧은 동화책은 타인의 시선을 의식하지 않고 자신의 길로 나아가면 마침내 놀라운 일을 이뤄낼 수 있다는 걸 보여줍니다. 요즘처럼 할 것 많고, 볼 것 많고, 갈 곳 많은 시대에 묵묵한 성실성이 새삼스러운 가치로 다가옵니다.

모든 사건과 사물을 거의 병적으로 수업과 연관 짓는 저, ≪지하정원≫을 읽자마자 머릿속 레이더가 가동되기 시작했습니다. 그러다 작품 속 모스 아저씨와 ≪나무를 심는 사람≫의 양치기 노인이 오버랩되면서 희열을 느꼈습니다. 쌍둥이처럼 닮은 두 주인공과 이야기의 주제 의식이 연결되었기 때문입니다. 그와 동시에 수업 시간 아이들에게 자주 하는 속담인 '가랑비에 옷 젖는 줄 모른다.'가 떠올랐습니다.

저는 아이들에게 "일주일에 한 번 있는 논술 수업이지만 게으름 부리지 않고 꾸준히 하면 가랑비에 옷 젖듯이 읽고 쓰고 말하는 실력이 늘어날 거야."라고 자주 말해줍니다. 방과 후 수업도 그렇습니다. 처음엔 잘하는 것처럼 보였는데 늘 다른 공부 또는 다른 중요한 일을 먼저 하느라 자주 결석하는 아이보다, 처음엔 실력이 없고 많이 부족해도 결석하지 않고 약속한 수업 시간을 칼 같이 지켜 온 아이들의 능력이 더 향상되는 걸 직접 목도해왔습니다. 한 발짝이라도 꾸준히 걸음을 옮기다 보면 언젠가는 목표에 다다르게 됩니다. 매일매일은 크게 달라진 것 같지 않았는데, 나중에 종합해보면 처음과 비교가 안 되게 성장해 있는 것입니다.

지금부터는 뚜벅뚜벅 꾸준히 자신만의 발걸음을 옮긴 끝에 작은 기적을 이뤄낸 어느 프랑스 노인의 이야기를 만나보겠습니다.

관심 연결 TIP
— 가랑비에 옷 젖듯이, 꾸준히 한 결과 바뀐 경험 이야기하기
— 성실함의 중요성에 관해 이야기하기

책을 소개합니다

가끔씩 마음을 다잡아야 할 때, 자꾸만 손이 가는 새우깡처럼 자꾸 집어 들게 되는 책이 있습니다. 표지만 봐도 '그래, 이렇게 살아야지.'하고 다짐하게 만드는 책, 바로 ≪나무를 심은 사람≫입니다. 제목 그대로 나무를 심는 사람 이야기로, 단순한 등장인물과 나무를 심는 단순한 스토리에도 불구하고 전 세계 25개국에 번역된 그야말로 세계적 베스트셀러입니다.

이 작품은 프랑스 작가 장 지오노Jean Giono, 1895~1970가 나무 심기를 장려하기 위해 쓴 글이라고 합니다. 간단한 이야기 치고는 제법 잔잔한 울림이 있는 책입니다. 작가의 경험을 바탕으로 쓰였는데, 눈에 보이지 않는 꾸준함의 중요성을 알려줍니다.

가족과 자식을 잃고 황무지에서 양을 치면서 아무도 없는 곳에 묵묵히 나무를 심는 양치기 노인이 있습니다. 보상을 바라고 하는 일이 아닙니다. 인정받기 위해서도 아닙니다. 그저 자연 속에서 부지런히 살아갈 뿐인 그는 매일 튼튼한 도토리 100개씩을 물에 불려 그것을 땅에 심고, 또 자작나무를 심습니다. 한 젊은이가 물을 구하기 위해 양치기 노인을 만나 그의 일상을 함께하며 지켜본 모습은 오로지 나무 심기로 가득 차 있었습니다.

그리고 세월이 흘러, 오랜 전쟁을 겪고 다시 그곳을 찾은 젊은이의 눈앞에 펼쳐진 것은 이전의 황무지가 아닌 푸르른 숲입니다. 메마르고 황폐한 땅에 홀로 40여 년 동안 나무를 심은 결과, 울창한 숲을 이루고 새와 꽃들과 사람들이 몰려드는 작은 기적이 일어났습니다. 그야말로 양치기 노인의 인간승리인 것입니다.

대가를 바라지 않고 한 그의 나무 심기는 세상을 변화시켰습니다. '우리'라는 공동의 선을 위해 아무런 대가와 보상을 바라지 않고 자신을 바쳐 일한 고결한 정신이 독자들의 옷매무새와 마음가짐을 정돈하게 만드는 그런 책입니다. 이 작품은 애니메이션으로도 만들어졌는데 거의 움직임이 없는 듯한 잔잔하지만, 무려 2만 장의 작화로 완성되었다고 합니다. 애니메이션도 아이들과 함께 보면 깊은 울림이 있을 것입니다.

엄마용 해설서 ① 엄마 먼저 읽어보기

학부모 공개 수업을 하면 참 재미있는 일이 벌어집니다. 교실 뒤에 있는 엄마들과 수업 받고 있는 아이들을 연결해보는 일이 제법 재미있습니다. 얼굴이 닮아서도 그렇겠지만 하는 행동 등에서 약간씩 공통점이 보입니다. 수업을 마치고 엄마와 아이들을 연결시키면 저의 가족 찾기 실력에 모두들 놀랍니다. 이야기를 할 때 살짝 미간을 찌푸리는 아이는 엄마에게서도 그런 버릇을 찾을 수 있습니다. 뻣뻣하게 서 있는 엄마는 그의 아들도 평소 뻣뻣하게 서 있습니다. 보면서 자란다는 말이 맞는 것 같습니다. 그야말로 가랑비에 옷 젖듯, 부모의 습관에서 보고 배우는 것입니다.

≪나무를 심은 사람≫을 통해 아이들에게 어떤 가치를 심어줄 수 있을까요? 단연 성실성과 꾸준함일 것입니다.

습관은 나도 모르게 만들어지기도 하지만, 노력을 통해 교정되거나 새로 형성되기도 합니다. 처음에는 어렵게 느껴지던 일도 성실히 꾸준하게 실천에 옮기다 보면 어느새 생활에 젖어들고, 그것이 습관으로 자리 잡습니다.

이 책을 통해 아이가 꾸준하게 할 수 있는 일에 관해 이야기 나누는 시간을 가져봅시다. 이 세상에 하루아침에 되는 일은 없음을 이야기해주면 좋겠습니다. 아이들은 시각이 좁아 뭔가 요구하면 뚝딱, 바로바로 나오는 줄 아는 경우가 있습니다. 나무를 심어야 푸른 숲을 누릴 수 있듯, 원하는 것을 가지거나 누리기 위해서는 어려운 상황에서도 지치지 않고 나아가는 힘이 필요함을 양치기 노인의 이야기를 통해 가르쳐야 합니다.

다소 생뚱맞을 수 있지만, 이 책이 주는 교훈은 공부에도 적용해볼 수 있습니다. 공부도 꾸준히 해야 잘할 수 있는 것입니다. 지금은 뛰어나지 않더라도 차근차근 공부하다 보면 훗날 나만의 작은 기적을 이뤄낼 수 있을지 모릅니다. 꾸준한 공부의 중요성에 관해 아이와 진지하게 대화 나누며, 이 교과서 같은 좋은 동화를 잘 활용하기를 바랍니다.

관심 연결 TIP
— 내가 원하는 것, 이루고자 하는 꿈 중 하루아침에 되는 것이 있을까?
— 꾸준하게 해야 하는 이유에 대해 대화하기

엄마용 해설서 ② 밑줄 쫘악

1 더하기 1은 2가 되고 3 곱하기 3은 9가 정확히 되는 것이 수학입니다. 그러나 세상 일은 수학 공식처럼 딱딱 맞아떨어지지 않습니다. 열심히 노력했지만 원하는 결과가 나오지 않을 때가 더 많기도 합니다. 작품 속 양치기 노인은 나무 10만 그루를 심었으나 그중에서 튼튼한 나무로 자란 것은 2만 그루에 불과할 때가 많았다고 합니다. 그럼에도 실의에 빠지거나 힘들어하지 않았으며, 더욱이 멈추지도 않았습니다.

노인은 메마르고 황폐한 땅에 홀로 꾸준히 수십 년의 세월 동안 나무를 심었습니다.

아이들과 수업을 하다 보면 의외로 많은 아이들이 열심히 사는 부모님의 모습을 존경한다는 걸 알 수 있습니다. 말은 안 해도 공부해서 의사가 되어, 음악가가 되어, 교사가 되어, 사업가가 되어 남을 위해 베푸는 사람들을 존경하고 또 그런 미래를 꿈꾸는 모습을 많이 봅니다.

이 책에서 감동적인 부분은 양치기 노인인 부피에의 자세입니다. 마치 성자처럼 마음도 몸가짐도 매우 정갈합니다. 그는 수많은 도토리 중 좋은 것만을 100개 고르고, 그것을 매일 같이 심으며 그러기 위해 어떨 때는 집에서 12킬로미터나 떨어진 곳까지 걸어가기도 합니다. 더 존경할 만한 점은 그런 수고를 감수하면서도 아무런 보상을 바라지 않는다는 것입니다. 그저 땅이 서서히 변화하는 모습에 행복해했을 뿐입니다. 이기주의가 만연하고 공동체의 운명 따위엔 관심 없어하는 현대 사회에 작은 울림이 됩니다.

공동체를 위한 거룩한 뜻을 품되 자신에게 돌아오는 어떤 보상을 바라거나 인정에 대한 갈구 없이 그저 묵묵히 할 일을 하는 사람에게 주목해야 합니다. 그리고 조금이라도 본받으려는 마음을 품도록 우리 아이들을 가르쳐야 합니다. 그것이 이 책, 아니, 나무 심는 '부피에' 노인에 대한 예의일 것입니다.

마음 알기

● 양치기 노인은 어떤 마음으로 나무를 심었을까요?

나에 대해 알기

● 나는 무엇을 꾸준하게 잘할 수 있을까요? 남이 시키지 않아도 꾸준하게 멈추지 않고 잘할 수 있는 일을 찾아보세요.

생각이 글로   ⋯▶ 유선 공책 또는 20줄 내외의 글쓰기 종이를 준비해주세요

● 우리 주변에는 자신의 일을 묵묵히 잘해가거나 남을 위해 아름다운 일을 하는 사람이 많이 있습니다. 내 주변에서 존경하는 인물을 쓰고 그 이유도 함께 써보세요.

너와 나는
확실히 달라,
그런데 그게 뭐?

윌리엄 밀러의 ≪사라, 버스를 타다≫

책이 주는 힘

"얘들아, 미국 대통령이 누구지?"

"버락 오바마요. 근데요, 그 사람 흑인이에요. 대박이죠?"

"왜 대박인데?"

"흑인이라니까요?"

"근데요, 선생님. 오바마는 흑인인데 좀 잘생겼어요. 우리 엄마도 그랬어요, 잘생겼다고."

오바마 전前 미국 대통령 재임 당시, 교실에서 있었던 대화의 일부분입니다. 피부색에 대한 편견은 생각보다 깊었습니다. 해외여행도 다니고 대중 매체를 통해 익숙해졌다고 해도, 세대를 이어져온 편견은 잘 바뀌지 않나 봅니다. 저도 할 말이 없는 것이, 2011년 대구 육상선수권 대회 당시 지하철에서 한참 졸다가 눈을 떴을 때 그 칸의 탑승자가 모두 흑인 선수들인 것을 보고 당황했던 기억이 있기 때문입니다.

오늘날은 전 세계적으로 모든 종류의 차별에 대한 감수성이 매우 높습니다. 특히 인종에 대해서는 더욱 그래서, 피부색으로 누군가를 차별하면 법적으로 처벌받는 국가까지 있을 정도입니다. 그 이면에는 미국 흑인들의 오랜 부쟁의 역사가 있습니다. 불과 20세기 중반까지만 해도 미국에서는 흑인과 백인이 사용하는 버스, 도서관, 화장실이 따로 있었고, 심지어 교회에서도 서로 다른 출입구를 사용하고 따로 앉아 예배를 보았습니다. 그로부터 60여 년이 지나 2009년 버락 오바마가 대통령에 당선된 것입니다. 이러한 역사적 변혁의 첫 시발점이 된 것은 해리엇 비처 스토Harriet Beecher Stowe,1811~1896의 ≪톰 아저씨의 오두막집≫이란 작품이었습니다.

흑인 노예 톰은 신실한 신앙을 가졌으며 주인에게도 신망받는 인물입니다. 그러나 주인의 채무로 인해 어쩔 수 없이 다른 집에 팔리고, 주인집 아들 조지는 그를 다시 데려올 것을 약속합니다. 이후 여러 주인을 거치다 악독한 백인 주인을 만난 톰은 모진 학대를 이기지 못하고 목숨을 잃습니다. 한발 늦게 찾아온 조지는 톰 아저씨의 죽음을 계기로 집안의 노예를 모두 풀어줍니다.

이 소설로 인해 미국의 남북전쟁이 일어났으며 흑인 인권에 대한 인식이 공론화됩니다. 가상의 상황을 다룬 소설에 지나지 않지만, 거대한 역사적 변화의 물꼬를 튼 것입니다. 책과 글의 힘이라는 것이 이렇게나 어마 무시합니다.

이후 미국에서는 노예제가 사라졌으나 한동안 유색 인종에 대한 차별은 여전히 이어졌습니다. 다른 피부색의 사람들이 섞여 산 적이 별로 없는 우리들 또한 앞서 보았듯 강한 편견을 버리지 못하는데, 긴 세월 노예 제도에 길들여져 있던 미국 백인 사회의 편견은 말도 못 했을 것입니다. 그랬던 것이 어떻게 인종차별 철폐로 이어졌는지, 여러 사건을 통해 좀 더 알아보겠습니다.

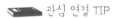 관심 연결 TIP
── 과거 미국에서 흑인들이 당했던 억울한 차별과 수난에 관해 들려주기

책을 소개합니다

《사라, 버스를 타다》는 로사 팍스의 실화를 다룬 동화책입니다. 1950년대 미국, 앨라배마주 몽고메리에는 흑인에 대한 차별적 법률들이 존재했는데 대표적인 것이 인종 분리법입니다. 버스의 경우, 앞쪽에는 백인만이 앉을 수 있고 유색인인 흑인은 뒤쪽에 앉아야만 했습니다. 그런데 1955년 12월 1일 퇴근 시간 무렵, 버스에 탄 흑인 여성 로사 팍스가 흑인이 앉을 수 있는 뒤쪽보다 조금 앞쪽인 중간 즈음에 앉았

습니다. 뒤이어서 탄 백인 몇 명이 서 있게 되자 버스 운전기사는 중간에 앉아 있는 로사에게 자리를 양보하라고 지시했습니다. 그녀는 거부했고, 결국 이 작은 소동으로 인해 출동한 경찰에 체포되기에 이릅니다. 도저히 이해가 되지 않죠? 백인에게 자리를 양보하지 않았다고 체포가 되다니 말입니다. 당시는 식당에서도 자리가 분리되고, 심지어 어떤 가게에는 '개와 흑인은 출입금지'라는 푯말이 붙어 있었다고 합니다. 개와 흑인을 같이 취급한 셈입니다. 평소 극심한 차별에 시달리던 미국 흑인들에게 이 사건은 대대적 저항의 도화선이 되었습니다. 이렇게 시작된 몽고메리 버스 보이콧은 무려 382일 동안 이어집니다.

버스 보이콧이란 말 그대로 버스를 타지 않는 것입니다. 흑인들은 버스를 타지 않고 거리에 상관없이 걸어 다니기 시작했습니다. 차가 있는 사람이 차 없는 사람을 태워주기도 했죠. 생각이 같다고 해서 같은 행동을 하기란 쉽지 않습니다. 동참하더라도 꾸준히 실천하기는 힘든 법입니다. 그럼에도 무려 1년이 넘는 기간 동안 흑인들은 행동을 같이했고, 불편을 감수하며 부당함에 투쟁했습니다. 여기에는 흑인 인권 운동가인 마틴 루터 킹 목사의 영향이 컸으며, 이후 아프리카계 미국인의 권익을 개선하는 인권 운동의 시초가 되었습니다. 이쯤 되면 마틴 루터 킹에 관한 이야기를 안 할 수 없지만, 일단 책 이야기를 마저 끝내고 다시 설명하겠습니다.

≪사라, 버스를 타다≫는 이 실제 사건을 모티브로 한 작품으로, 로사 팍스를 '사라'라는 어린아이로, 퇴근길을 등굣길로 바꾸어 이야기

220

를 각색했습니다.

호기심 많은 흑인 소녀는 앞자리가 무척 궁금했습니다. 뒷자리에만 타야 하는 규정 때문에 늘 뒷자리에만 앉았으나 '앞자리는 어떤 곳일까?' 궁금했던 것입니다. 그러나 차별은 뿌리 깊었고, 호기심 덕분에 사라는 경찰서에 다녀오게 됩니다. 하지만 사라의 어머니는 사라를 나무라지 않습니다. 기사 아저씨 말대로 하지 왜 반항해서 일이 커지게 했냐고 혼내지 않습니다. 당장 다음날부터 버스를 타지 않고 학교에 함께 갑니다. 딸의 호기심을 지지하고, 차별의 순간에 맞닥뜨렸을 때 옳은 길을 택할 수 있는 용기와 자신감에 호응한 것입니다. 우리가 만약 그 버스를 탔더라면 어떻게 행동했을까요?

엄마용 해설서 ① 엄마 먼저 읽어보기

실제 사건을 바탕으로 한 동화책일 경우 할 이야기가 무척 많아집니다. 왜 이런 일이 일어나게 됐는지 이야기해주면 아이들은 자연스럽게 책에 관심을 보이며, 관련된 역사 이야기에도 흥미를 보입니다. 인상 깊게 들은 아이들은 이야기 속에 나온 인물을 찾아보거나, 관련 책을 도서관에 가서 빌려보기도 합니다. ≪사라, 버스를 타다≫의 실제 주인공인 로사 팍스에 관해 이야기하고, 작품 속 사라에 관해 이야기하고 마틴 루터 킹이 어떤 사람인지 알려주었는데, 그다음 수업 시간이

되자 인도와 간디 이야기를 하면서 ≪간디 위인전≫을 떡하니 들고
와 자랑하는 아이들이 있습니다. 관심이 독서로 연결되고 독서가 관
심으로 연결되는 과정입니다. 무조건 읽으라고만 하는 것은 무장도 하
지 않은 병사에게 나가 싸우라고 하는 것이나 다름없습니다. 제 딸의
표현에 따르면 "비 들자 마당 쓸라고 하는 격"입니다.

　아니, 그런데 왜 간다냐고요? 어떻게 하다 아이들의 관심이 인도와
간디까지 가게 된 건지 알려면 다시 로사 팍스 사건으로 돌아가야 합
니다. 버스 보이콧 운동이 확산된 데는 마틴 루터 킹 목사의 영향이 컸
습니다. 이 운동을 이끌면서 그가 택한 방법은 무력적으로 시위하지
않고 그저 걷는 것이었습니다. 이쯤에서 연상되는 것이 있습니다. 바로
간디의 비폭력 무저항사티아그라하 운동입니다. 마틴 루터 킹은 간디의
사상에 영향을 받은 것입니다. 무력보다는 비폭력이 더 힘이 세다는
것을 사람들에게 알리자, 그 뜻에 공조하여 382일간의 행진버스 대신 걷기
이 이어졌습니다.

　간디의 소금 행진도 그랬습니다. 영국의 지배 하에 있던 인도인들이
소금에 대한 과도한 세금에 저항했던 방법이 걷는 것이었습니다. 간디
의 지휘 아래, 무려 6만 여 명이 390킬로미터를 24일간 걷는 비폭력 행
진 시위에 참여합니다. 이것은 전 세계의 주목을 끌고, 마침내 영국 식
민지 정책의 부당함을 알리는 데 성공했습니다.

　≪사라, 버스를 타다≫에 관해 이야기하면 로사 팍스 사건부터 시

작해, 흑인들의 인권을 위해 앞장서다가 노벨상을 받고 39세 젊은 나이에 암살당하기까지 마틴 루터 킹 목사의 생애, 더 나아가 인도의 소금 행진과 간디의 생애까지 이어갈 수 있습니다. 마틴 루터 킹 위인전과 소금 행진에 관한 그림책까지, 잘만 연결하면 줄줄이 사탕처럼 이야기가 이어지며 아이들에게 소개할 책도, 할 말도 많아질 것입니다. 여기에 아이들이 관심을 갖게 하려면 어떻게 설명해야 할지 늘 연구해야 할 것입니다. 제가 지금까지 소개한 책들을 거실이나 식탁 위에 슬쩍 올려놓는 것도 좋은 방법일 것 같습니다. 호기심 많은 아이가 이 책은 뭐냐고 슬쩍 묻기만 해도 술술 이야기해줄 준비가 되셨나요?

📖 관심 연결 TIP

── 작품의 실제 주인공인 로사 팍스의 이야기 ▶ 로사 팍스로 인해 시작된 버스 보이콧 운동 ▶ 여기에 힘을 실어준 마틴 루터 킹 목사와 그 생애 ▶ 마틴 루터 킹이 주장한 비폭력 시위의 모태, 인도의 소금 행진 ▶ 엄청난 규모의 소금 행진을 이끌었던 마하트마 간디까지, 꼬리에 꼬리를 무는 관심 연결 독서 교육에 도전하기

엄마용 해설서 ② 밑줄 쫘악

로사 팍스는 자리를 양보하지 않았다는 이유로 경찰에 체포되고 직장을 잃는 등 여러 어려움을 겪었습니다. 왜 아니겠습니까? 그냥 따르면 될 것을 감히 반항했으니 가만둘 리 있었을까요? 나쁜 차별을 거부할 수 있는 용기를 내기란 생각보다 쉽지 않습니다.

오늘날은 많이 글로벌화되었다 해도 우리 아이들에게는 다소 멀게 느껴질 수 있는 주제입니다. 그러므로 인종에 포커스를 두기보다는, 사람과 사람 간에 불필요한 차별이 있지 않은가에 대해 관심을 가지도록 유도해야 할 것입니다.

마틴 루터 킹 목사가 차별적 좌석제에 반대하며 워싱턴 기념관에서 한 연설은 매우 유명합니다. 다음은 그 연설 '나에게는 꿈이 있습니다'의 일부입니다.

"언젠가는 불의와 억압의 열기에 신음하던 저 황폐한 미시시피 주가 자유와 평등의 오아시스가 될 것이라는 꿈입니다. 나의 네 자녀들이 피부색이 아니라 인격에 따라 평가받는 그런 나라에 살게 되는 날이 오리라는 꿈입니다. 오늘 나에게는 꿈이 있습니다. 주지사가 늘 연방 정부의 조처에 반대할 수 있다느니, 연방법의 실시를 거부한다느니 하는 말만 하는 앨라배마주가 변하여, 흑인 소년 소녀들이 백인 소년 소녀들과 손을 잡고 형제자매처럼 함께 걸어갈 수 있는 상황이 되는 꿈입니다."

부당한 법과 차별에 저항하고 자유를 갈망하는 사람들의 굳센 의지를 보고 배우며, 내 아이가 차별의 순간에 직면했을 때 비겁하지 않고 옳은 용기를 택할 수 있기를 희망합니다. 우리 아이들을 이러한 길로 인도하기 위해, 안중근 의사의 어머니 조마리아 여사의 의연함을 품어 보자고 감히 권해봅니다.

경험 나누기

● 여러분은 반에서나 친구들과의 사이에서 차별을 당해본 적이 있나요? 있다
면 언제였는지, 어떤 기분이었는지 표현해보세요.

_____

_____

_____

_____

_____

그림으로 표현하기

● 황인종, 흑인종, 백인종 모두 같은 인간입니다. 서로를 차별하지 않고 동등하게
대하자는 광고지를 만들어보세요.

생각이 글로   ···▶ 유선 공책 또는 20줄 내외의 글쓰기 종이를 준비해주세요

● 우리는 다른 것을 틀리다고 배울 때가 많고 그렇게 많이 생각합니다. 다른 것
과 틀린 것은 어떻게 다른지를 읽은 책을 활용해서 비교해 써보세요.

수채화 같은
아날로그 감성을
아이와 공유하는 법

황순원의 <소나기>

책이 주는 힘

시내버스를 탔습니다. 여느 때와는 달리 버스 안이 시끌벅적합니다. 6학년 정도 남학생 4명과 여학생 4명이 있었습니다. 요즘 초등학교 6학년들이 삼삼오오 주말에 친구들과 놀이동산을 많이 찾는데 그런 무리인 것 같았습니다. 제가 보기에는 그냥 평범한 창밖 풍경인데도 8명의 아이들은 쉴 새 없이 숨이 넘어가도록 웃습니다. 가만히 보니 그중 남학생 한 명과 여학생 한 명이 공식 커플인 듯합니다. 다른 무리들이 까르르 웃는 동안 둘이는 소곤소곤 정답게 이야기하는 모습이 예쁘게 보였습니다. 저절로 엄마 미소가 나옵니다. 안 보는 척, 안 듣는 척 하면서 슬쩍 듣는 대화 내용들이 참 재미있었습니다. 저는 직업상 늘 아이들을 만나지만, 그럼에도 세상 어떤 일보다도 아이들의 노는 모습에 관심이 많이 갑니다.

사춘기 무렵이 되면 아이들은 이성 친구에게도 자연스레 관심을 가지게 됩니다. 6학년쯤 되면 학교 내에 공식 커플이 탄생하기도 합니다. 그만큼 이성에 대한 관심이 높아지는 시기입니다. 이런 아이들에게 남녀 간의 사랑이나 청소년기의 이성에 대한 소설이나 동화 이야기는 관심을 끌기 충분합니다. 때로는 자기 자신과 동일시하여 심각하게 읽기도 하고 눈빛이 초롱초롱해지면서 수업 분위기가 사뭇 진지해집니다.

순박한 사춘기 소년의 첫사랑 하면 떠오르는 작품이 있습니다. 이제는 이 세상에 없는 한 소녀가 소년의 삶에 소나기처럼 왔다간 바로 그날의 이야기, 황순원의 <소나기> 속으로 함께 들어가보겠습니다.

작품을 소개합니다

'소나기'의 사전적 의미는 '갑자기 세차게 쏟아지다가 곧 그치는 비'입니다. 이 책을 모두 다 읽고 나면 왜 소나기로 제목을 정했는지 확연히 드러납니다. 이성에 눈떠가는 사춘기 산골 소년과 도시 소녀의 아련한 첫사랑의 경험이 아름답게 묘사되고 있습니다.

저는 이 작품을 읽을 때마다 한 편의 수채화를 보는 듯한 느낌에 빠집니다. 냇가 한가운데 돌다리에 소녀가 앉아 있는 장면, 비켜 달라고 이야기하지 못하고 건너편 나무에 매달려 있는 소년, 비를 피하기 위해 들어간 수숫단 속에 어깨가 닿을 듯 말 듯하는 장면, 불어난 개울물을 건너기 위해 소년이 소녀를 업고 가는 장면 하나하나가 그림 같습니다. 이처럼 아름답고도 서정적인 묘사가 가득한 이 단편소설은 반전의 결말로 인해 그 여운이 오래도록 남는 작품입니다.

엄마용 해설서 ① 엄마 먼저 읽어보기

한 편의 동화 같은 애틋한 첫사랑 이야기를 그린 <소나기>. 누구나 사춘기에 겪어봤을 법한 설렘의 감정을 한 폭의 잔잔한 수채화처럼 묘사하여 오랜 세월 사랑받는 소설입니다. 그 사실을 방증하듯, 엄마 아빠가 학창 시절에 배웠던 작품인데 지금도 초등학교 교과서에 실려 있습니다.

<소나기>는 특히 스마트폰과 인터넷 등 즉각적인 자극에 익숙한 아이들에게 아날로그 감성이라는 새로운 감정선을 체험하게 하는 매력이 있습니다. 그런 의미에서 이 작품을 읽을 때 함께 듣고 불러보기를 권하는 노래가 있습니다. 참고로 노래, 영화, 사건 등을 작품과 연결시키면 아이들에게는 감동과 여운이 두 배가 되며 비문학일 경우 학습에도 매우 도움이 됩니다. 가수 예민이 부른 '어느 작은 산골 소년의 슬픈 사랑 이야기'입니다. 가사를 한번 보겠습니다.

풀잎 새 따다가 엮었어요, 예쁜 꽃송이도 넣었구요

그대 노을빛에 머리 곱게 물들면 예쁜 꽃 모자 씌어주고파

냇가에 고무신 벗어놓고 흐르는 냇물에 발 담고

언제쯤 그 애가 징검다리를 건널까? 하며 가슴을 두근거렸죠

흐르는 냇물 위에 노을의 분홍빛 물들이고

어느새 구름사이로 저녁달이 빛나고 있네

노을빛 냇물 위엔 예쁜 꽃 모자 떠가는데

어느 작은 산골 소년의 슬픈 사랑이야기

　　예전에는 한국 문학 작품을 드라마화하는 TV문학관이란 프로그램이 있었습니다. 요즘도 가끔 텔레비전을 보다 보면, 그 옛날 TV 문학관 '소나기' 편의 장면과 함께 이 노래가 나오는 경우가 있습니다. 정서가 메마르고 바쁜 세상을 사는 우리 아이들이 의외로 이런 가사와 멜로디에 감수성을 발휘하며 노래 부르는 모습이 얼마나 예쁜지요. 아이들과 함께 예쁜 그림 같은 이 노래를 꼭 불러보길 권합니다. 참, 이 노래를 부를 때는 아이들의 표정도 관찰해보세요. 백이면 백, 얼굴에 미소를 머금고 있습니다. 그럴 때 아이들의 마음은 이미 '예쁨'으로 물들여져 있는 것이죠.

—— 작품과 함께 노래 〈어느 작은 산골 소년의 슬픈 사랑 이야기〉를 듣고 불러보기

엄마용 해설서 ② 밑줄 쫘악

지금은 이성의 친구를 냇가에서 만날 일도 없고 연락이 안 되면 막연하게 자주 가던 장소에서 무작정 기다릴 일도 없습니다. 그래서 '어느 작은 산골 소년의 슬픈 사랑 이야기' 가사를 보면 감정 이입이 잘 안 될 수 있습니다.

이럴 때는 "언제쯤 그 애가 징검다리를 건널까"를 "언제쯤 그 애를 편의점에서 만날까"나 "언제쯤 그 애가 학원 교실로 들어올까"로 바꾸어 감정 이입을 해보라고 말합니다. 그러면 아이들이 격하게 공감하는 걸 볼 수 있습니다. 현대의 아이들과는 전혀 다른 시대를 배경으로 하지만, 사춘기 소년 소녀의 첫사랑이라는 기본 감성은 동일합니다. 아이들이 작품 속 소년 소녀에 공감할 수 있도록 다리를 놓아주는 센스가 필요하겠습니다.

다음과 같은 소설 속 대목들에 대해 함께 이야기 나눠보는 것도 방법입니다.

그러다가 다음날 소녀는 물속에서 건져낸 하얀 조약돌을 건너편에 앉아

구경하던 소년을 향하여 "이 바보" 하며 던졌다. 소녀는 갈밭 사잇길로 달아나고

한참 뒤에는 가을 햇살에 반짝이는 갈꽃 저쪽으로 사라져 갔다.

소녀의 마음을 소년은 알았을까?

아마 소년도 같은 마음인데 표현을 못한 건 아닐까?

소년과 소녀는 들길을 달리며 허수아비를 흔들기도 하고, 비탈의 칡꽃을 따다

다친 소녀의 무릎에 소년은 송진을 발라주기도 한다. 소년은 코뚜레를 꿰지 않은

송아지를 타고 자랑스러워하기도 했다.

새로운 경험을 시켜준 그 소년과 친구가 된 소녀의 기분은 어땠을까?

소녀의 분홍 스웨터 앞자락에는 소년의 등에 업혔을 때에 묻은 검붉은 물이

들어 있었다. 갈림길에서 소녀는 대추를 건네주며 이사를 가게 되었다고 말했다.

소녀가 내일 이사 간다는 날 밤, 소년은 잠자리에서 아버지가 어머니에게 하는

이야기를 들었다.

공감하기

얼마나 두근두근하고 속상한 마음이었을까?

작품 일부

윤초시 댁두 말이 아니어. 그 많던 전답을 다 팔아 버리구. 대대로 살아오던 집마저

남의 손에 넘기더니, 또 악상까지 당하는 걸 보면··· 그런데 참, 이번 기집애는

여간 잔망스럽지가 않어. 글쎄 죽기 전에 이런 말을 했다지 않어?

자기가 죽거든 자기가 입던 옷을 꼭 그대로 입혀서 묻어 달라구···.

공감하기

팔다리에 힘이 다 빠지면서 머리는 하얘지는 소년,

마음이 얼마나 아프고 아련했을까?

어른이 되기 위한 통과의례 같은 이별, 슬픔, 서로의 마음을 알아가는 과정 등을 통해 이 책을 읽는 우리 아이들도 그렇게 어른이 되어갈 것입니다. 내 아이에게도 소나기처럼 순식간에 왔다 사라지는 첫사랑이 올지도 모르죠, 그 또한 아련한 추억이 될 것입니다.

마음 알기

● 소녀가 냇가에 있던 소년에게 '바보'라고 하며 갔을 때 소년의 기분이 어땠을

까요?

나에 대해 알기

● 나는 누군가를 좋아한 적이 있나요? 있었다면 어떤 기분이 드나요? 좋아한 적

이 없다면 좋아하는 연예인이라도 적어보세요.

생각이 글로   ···▶ 유선 공책 또는 20줄 내외의 글쓰기 종이를 준비해주세요

● 내가 지금 좋아하는 사람이 있다면 내 마음을 온전히 전달하는 편지를 써보

세요.

CHAPTER 5

연결 독서 실전편 ②

자존감과
자신감을 높이는
책 읽기

부디 평소의 습관으로 돌아가지 말고, 황경희의 아바타가 되어 제 안내에 따라 교육해보십시오. 그러면 아이들에게 책 읽기와 글쓰기에 대한 스트레스를 주지 않으면서도, 읽은 책과 주제를 확실히 머릿속에 심어놓는 멋진 '엄마 선생님'이 될 수 있을 것입니다. 이 책을 읽고 계신 모든 독자 여러분을 응원합니다!

씩씩해서 사랑스럽고 긍정적이라 강할 수 있어

루시 모드 몽고메리의 ≪빨간 머리 앤≫

책이 주는 힘

주근깨 빼빼 마른 빨간 머리 앤, 예쁘지는 않지만 사랑스러워

상냥하고 귀여운 빨간 머리 앤, 외롭고 슬프지만 굳세게 자라

가슴에 솟아나는 아름다운 꿈, 하늘엔 뭉게구름 퍼져나가네

빨간 머리 앤, 귀여운 소녀, 빨간 머리 앤, 우리의 친구

빨간 머리 앤, 귀여운 소녀, 빨간 머리 앤, 우리의 친구

출강하는 학교에서 2학년들과 ≪빨간 머리 앤≫을 읽고, 어린 시절 자주 불렀던 애니메이션 주제가를 같이 불렀습니다. 저도 아이들도 신나게 불렀습니다. 마치 그 옛날에 동네 친구들과 골목길을 누비며 불

렀던 것처럼 말입니다. 반별마다 대항을 한다고 하니 하루 종일 복도에서 노래가 이어집니다. 학교에 빨간 머리 앤이 돌아다니는 듯한 느낌이었습니다.

저는 수업과 관련된 가요나 동요를 찾아서 수업 후에 들려주고 따라 부르기를 자주 합니다. 예를 들어 ≪꽃들에게 희망을≫이라는 책을 가지고 수업할 때는 윤도현밴드의 '나비'를 소개하고, ≪마당을 나온 암탉≫을 배우고 나서는 인순이의 '거위의 꿈'을 함께 불러보는 것입니다. 이렇게 부르고 나면 시너지 효과가 있어 책 내용도, 노래 가사도 더 잘 기억나고 감동도 두 배가 됩니다.

≪빨간 머리 앤≫의 경우 너무나 유명한 애니메이션 시리즈가 존재하고, 그 주제가 또한 모르는 사람이 없을 정도입니다. 노래를 들으면 예쁘지는 않지만 사랑스럽고 상냥하며 귀여운, 외롭고 슬프지만 굳세게 자라나는 앤의 모습이 눈 앞에 그려지는 듯합니다. <들장미 소녀 캔디>나 <은하철도 999> 같은 옛날 만화 주제곡들은 아무리 나이가 들어도 부르는 순간 우리를 그 시절로 데려다 놓는 힘이 있습니다. 아이들과 함께 이 작품을 읽고, 또 노래도 부르며 신나게 이야기 나누다 보면 엄마들도 새삼 어린 시절로 돌아간 기분을 느낄 것입니다.

관심 연결 TIP
— 유튜브에서 애니메이션 '빨간 머리 앤'의 주제곡을 찾아 함께 불러 보기

책을 소개합니다

저는 어떤 책을 읽든, 먼저 작가에 대해 많이 알아보는 편입니다. 대부분의 경우 작가의 경험이나 삶이 작품과 사상에 녹아있기 때문입니다. ≪빨간 머리 앤≫를 쓴 캐나다 작가 루시 모드 몽고메리Lucy Maud Montgomery, 1874~1942는 아주 어려서 어머니를 여의고 아버지마저 재혼하자 외할아버지와 외할머니의 손에서 자라게 됩니다. 외할아버지는 우체국을 경영했는데, 당시 살았던 캐번디시는 ≪빨간 머리 앤≫의 배경이 되기도 했습니다. 몽고메리의 실제 삶과 앤이 묘하게 겹치는 부분이 이 작품의 자전적 성향을 보여줍니다.

소설 속 앤은 고아로, 각각 독신인 남매매튜 아저씨와 마릴라 아주머니가 살고 있는 작은 농가에 입양됩니다. 원래 집안일을 도울 남자아이를 입양하려 했던 매튜는 스펜서 부인의 실수로 여자아이가 오자 적잖이 당황합니다. 그러나 마차를 타고 집에 가는 길, 앤의 발랄함과 긍정적인 사고에 매튜의 마음이 녹고 마는 장면이 ≪빨간 머리 앤≫의 첫 장면입니다.

무뚝뚝하고 비사교적인 이들 남매에게 앤은 집안의 활력소가 되기도 하고, 때로는 시끌벅적 문제를 일으키기도 하며 서서히 그들 삶의 일부가 되어 갑니다.

풍부한 상상력과 밝은 성격, 수다스러울 정도의 입담을 갖춘 앤은 무미건조하던 매튜와 마릴라의 인생에 청량제가 되어 줍니다. 그리고 남매의 삶뿐만 아니라 에이번리 마을 사람들에게도 큰 영향을 끼치는 인물이 됩니다. 크고 작은 사건에 대처하는 앤의 생각이 책을 읽는 내내 미소를 머금게 하는 작품입니다.

엄마용 해설서 ① 엄마 먼저 읽어보기

엄마와 아이가 나란히 길을 걸어갑니다. 지하철 입구에서 몸이 불편한 사람이 바닥에 앉아 구걸을 하고 있습니다. 그 장면을 보고 엄마가 점잖게 아이에게 이렇게 말합니다.

"너도 공부 안 하면 저렇게 된단다. 편하게 살 수 있는 우리 집이 있는 것이 행복인 줄 알아."

우리가 자주 범하는 실수입니다. 내가 아니라서 다행이라는 태도가 때로는 너무나 이기적으로 보일 때가 있습니다.

같은 맥락에서 ≪빨간 머리 앤≫을 읽고 나서 절대 해서는 안 될 이야기가 있습니다.

"앤은 고아야. 엄마도 아빠도 없지. 고생 많이 했겠지? 너는 엄마 아빠가 있어서 얼마나 다행이야."

남의 불행이 곧 나의 행복이 돼서는 안 됩니다. 적어도 이 작품을 읽으며, 앤의 형편보다 내가 우월함을 자랑하고 안심하며 '휴~, 다행이다.'를 느끼도록 가르쳐서는 안 될 것입니다. 물론 주인공의 삶을 안타까워하고 그의 삶에 도울 점은 없는지 방법을 찾는 것은 바람직하지만, 우위의 입장을 확인하고 동정심을 남발하는 식의 감상은 앤에게 무척 실례일 것입니다.

≪빨간 머리 앤≫에는 앤을 둘러싼 수많은 인간관계와 그로 인한 다양한 사건이 등장합니다. 예를 들면 앤과 다이애나의 우정 그리고 사소한 오해로 인한 갈등, 화해를 모색하며 장난치곤 하는 길버트의 존재, 진심을 알고 선의의 경쟁을 하는 모습, 앤을 통해 달라진 매튜와 마릴라 등. 19세기를 배경으로 하고 있지만 인간관계의 다양한 모습들은 지금과 다르지 않습니다. 앤과 앤의 주변 사람들, 그리고 사람들 간의 관계와 영향력에 관해 풍성한 이야기를 나눌 수 있을 것입니다.

어려서도 재미있게 읽은 작품입니다만, 요즘에도 수업을 위해 읽을 때마다 느끼는 감동과 감상이 다릅니다. 그중에서도 앤의 콤플렉스를 제대로 건드린 린드 아주머니에게 앤이 자신의 생각을 속 시원히 말하는 장면을 볼 때면, 그 모습이 요즘 아이들과 오버랩되어 재밌습니다. 린드 아주머니처럼 불친절한 어른에 관해 아이들에게 물어보면 아마도 이야기가 줄줄 나올 것입니다.

앤과 다이애나의 우정 또한 아이들과 대화 나누기 좋은 소재입니다. 작은 오해로 친구와의 사이가 서먹해지는 일이 흔한데, 자신의 경험을 앤과 비교하며 이야기하다 보면 아마도 밤을 새울 정도로 조잘조잘, 대화가 길어질지 모릅니다.

다만 이야기가 소녀 취향이라, 남자 아이들과 작품 속 감정을 나누기는 다소 힘들 수 있습니다. 남자아이들과 대화 나누기에는 ≪빨간 머리 앤≫보단 ≪톰 소여의 모험≫, ≪허클베리 핀의 모험≫이 더 적당합니다. 그럼에도 남자 아이들이 반응하는 대목이 있는데, 길버트가 앤의 머리카락을 잡아당기며 장난치는 부분입니다. "남학생들은 좋아하는 여학생한테 꼭 장난을 치더라."라고 이야기하면 아주 격한 반응이 나와 재미있습니다.

풍부한 상상력으로 매 순간순간, 사건들마다 기발하게 생각하고 대처하며 긍정 에너지를 품어내는 앤을 우리 아이들에게 소개해주세요. 장담하건대, 엄마와 아이 모두에게 즐겁고 또 행복한 만남이 될 것입니다.

관심 연결 TIP
— 앤의 불행한 처지와 비교해 '그러니까 너는 행복한 거야.'라는 식의 언급은 금물!
— 앤의 긍정적인 사고와 대처가 앤의 주변 사람들에게 미친 영향에 대해 이야기하기
— 작품 속 친구들 간의 우정과 갈등, 화해 과정을 내 경험에 비춰 이야기 나누기

엄마용 해설서 ② 밑줄 쫘악

≪빨간 머리 앤≫은 동화책 중에서는 읽으면서 가장 밑줄을 많이 그은 책입니다. 그런데 밑줄 그은 부분이 읽은 시기에 따라 다릅니다.

사춘기 시절에는 다음 대목이었습니다.

내 속에 여러 가지 앤이 들어 있나 봐. 가끔씩 난 이렇게 골치 아픈 존재인가.

누구나 자존감이 하락하며 자신의 행동에 자신이 없어질 때가 있습니다. 그럴 때 앤의 이 말은 비수처럼 마음에 꽂힐 것입니다.

아침은 어떤 아침이든 즐겁죠. 오늘은 무슨 일이 일어날지 생각하고 기대하는 상상의 여지가 충분히 있거든요.

야망에는 결코 끝이 없는 것 같아. 바로 그게 제일 좋은 점이지. 하나의 목표를 이루자마자 또 다른 목표가 더 높은 곳에서 반짝이고 있잖아. 그래서 인생이 재미있는 건가 봐.

위의 대목들은 비교적 어른이 되어 줄을 그은 부분입니다. 해야 할 과업이 있고 무던히 노력해야 할 일이 있을 때, 습관처럼 앤의 명대사들을 찾아 읽곤 했습니다. '사랑스러움'이 무엇인지를 몸소 보여주는 밝고 긍정적인 친구가 되고 싶은 마음에 나도 모르게 줄을 긋고 있었던 것입니다. 앤의 다음 대사도 볼 때마다 입가에 미소가 지어집니다.

침대는 잠만 자는 곳이 아니에요, 꿈을 꾸는 곳이기도 해요.

여러분은 과연 이 작품의 어느 부분에 밑줄을 그을지 무척 궁금해집니다. 연필을 들고 책을 펴서 마음이 가는 곳에 줄을 그어보세요. 앤의 명언을 찾는 재미가 쏠쏠할 것입니다.

경험 나누기

● 우리 집이 아닌 친구 집이나 친척집에서 자본 적이 있나요? 기분이 어땠나요?

나에 대해 알기

● 나는 친구와 비밀 이야기를 자주 하나요? 주로 어떤 이야기를 누구와 가장 많

이 하는지 써보세요.

방법 알아보기

● 친구와 사이좋게 지내는 나만의 비법을 소개해보세요.

생각이 글로   ┈▶ 유선 공책 또는 20줄 내외의 글쓰기 종이를 준비해주세요

● 어느 날 빨간 머리 앤이 우리 학교에 전학을 왔습니다. 나는 앤의 첫인상이 마

음에 듭니다. 앞으로 앤과 친한 친구가 되어 어떻게 잘 지낼지 상상하여 써보

세요.

신나게 놀면서
용기와 도전을
배운다

마크 트웨인의 《톰 소여의 모험》

책이 주는 힘

눈을 떴습니다. 이미 해는 져서 어둑하고, 주위는 고요했습니다. 순간 저는 소름이 돋아 오싹해졌습니다. "여긴 어디? 나는 누구?" 멍하니 있다가 아래층 마당에서 "황~경~희~"하는 소리가 들리자 정신이 번쩍 들었습니다. 숨바꼭질 중에 술래에게 안 들키려고 옥상 구석에 꼭꼭 숨었다가 그만 잠이 들었던 것입니다.

제 어린 시절의 추억은 이처럼 친구들과 놀다 생긴 에피소드로 가득합니다. 초등학교에 다닐 때는 학교를 마치면 가방은 휘익 하니 집어 던져놓고 온 동네 아이들이 모여 갖가지 놀이를 했던 기억이 납니다. 돌멩이를 주워서 공기놀이를 하고, 겨울에는 따뜻한 햇빛이 비치는 곳에서 구슬치기를 하고, 눈이 오면 학교 밑 하수구까지 점령하여 썰매를 타기도 하고 연 날리기도 했습니다. 여름에는 동네 개울가에 가서 멱을 감고, 하다 하다가 할 게 없으면 친구들끼리 옷을 바꿔 입어가며 숨바꼭질했던 기억이 선합니다.

수업 시간에 아이들한테 제 어린 시절 이야기를 하면 모두 놀라는 한편 배 아파합니다.

"학교 끝나자마자 가방은 집어던져놓고, 엄마가 저녁밥 먹으라고 부를 때까지 계속 놀았지~"

"에이, 그런 게 어디 있어요?"

"학원도 안 가요? 숙제는 없어요?"

그러면서 부러워하다 못해 야유까지 보냅니다. 제가 이렇게 약 올리듯 이야기하는 데는 이유가 있습니다. 저처럼 신나게 놀았던 다른 친구를 소개하기 위해서지요. 바로 톰 소여입니다. 그의 베스트 프렌드, 허클베리 핀도 있네요. 이들의 노는 모습을 보면 내 마음도 미시시피강가 어디쯤에서 뛰노는 듯합니다. 요즘 아이들과는 형편도, 놀잇감도 다르긴 하지만 이들의 모험을 따라가다 보면 다 함께 모험을 떠난 듯 신나는 기분을 느끼게 될 것입니다.

관심 연결 TIP
—— 엄마 아빠의 어린 시절을 이야기하며 톰 소여 소개하기

책을 소개합니다

많은 작가가 작품 속에 자신의 경험을 옮겨 놓습니다. ≪톰 소여의 모험≫을 쓴 미국 작가 마크 트웨인Mark Twain, 1835~1910 또한 그렇습니다. 작품의 배경이 된 미시시피 강가는 실제로 마크 트웨인이 어린 시절을 보낸 고향이며, 그곳에서 수로 안내인을 한 적도 있다고 합니다. 그때의 생활과 경험이 고스란히 ≪톰 소여의 모험≫에 반영돼 있습니다. 1876년에 발표된 이 작품은 같은 시리즈라 할 ≪허클베리 핀의 모험≫과 함께 그의 대표작으로 꼽힙니다.

토마스 소여는 톰이라 불리기를 더 좋아하는 개구쟁이입니다. 부모 없이 이모의 집에서 생활하며 마을에서 악동으로 유명하지만 동정심과 양심, 용기를 지닌 소년이죠. 톰이 친구들과 함께해가는 여러 가지 모험과 기상천외한 일들을 통해 아이들에게는 신나는 모험 이야기를, 어른들에게는 어린 시절을 떠올리며 재미와 웃음, 감동을 주는 세계적 명작입니다.

상상력이 풍부하고 활발한 악동 톰이 벌이는 일들은 중간중간 웃음이 나다가도, 인디언 조의 만행을 밝힐 때는 심장이 오싹해지기도 합니다. 책장을 넘길수록 톰의 모험이 끝나지 않기를 바라게 되는 마력을 지닌 작품입니다.

엄마용 해설서 ① 엄마 먼저 읽어보기

이모는 톰에게 담장에 페인트칠하는 벌을 줍니다. 귀찮고 힘든 일을 하며 반성하라는 의미였지요. 그러나 톰은 페인트칠이 마치 재미있는 일인 듯, 그리고 명예로운 일인 것처럼 으스대기까지 하며 순진한 친구들을 꾀어서 울타리를 모두 칠합니다. 톰의 개구쟁이 기질과 재치를 드러내는 명장면입니다.

힘든 상황에 처했을 때 톰처럼 기지를 발휘해 해결할 수 있다면 인생이 얼마나 행복하고 즐거울까요? 아이들과 부끄럽고 속상한 일, 즉 위기를 기회로 만드는 것에 대해 이야기 나눠보세요. 멋진 아이디어가 나올지도 모릅니다.

한편, 톰은 공동묘지에서 친구 허크허클베리 핀와 함께 인디언 조의 살인 장면을 목격합니다. 살인 사건의 용의자로 머프 포터가 누명을 쓰지만 두 사람은 인디언 조가 두려워 나서지 못합니다. 그러나 그 장면을 정확하게 본 목격자로서 양심의 가책과 함께 억울한 상황에 처한 머프에게 동정심을 느끼죠. 마침내 많은 사람이 있는 재판정에서 공포심을 이겨내고 용기 있게 인디언 조의 만행을 증언하는 장면에서 톰은 더 이상 개구쟁이 악동이 아닙니다.

우리는 알게 모르게 아이들에게 조금은 비겁해도 안전한 게 최고라고, 외면하라고 가르칠 때가 많습니다. 이런 태도는 과연 옳은 것일까요? 모두가 '맞다'라고 할 때 '아니다'라고 이야기하거나, 모두가 '아니다'라고 할 때 '맞다'라고 말할 용기는 얼마나 대단한 것일까요? 위기에 처한 머프를 도와주는 톰에 대해 진지하게 이야기해보세요.

톰에게 일어난 일을 차례대로 이야기하며 아이에게 '한 번쯤 해보고 싶은 일이 무엇인지' 물어보면, 아이의 내면을 들여다보는 기회로 삼을 수 있습니다. 아울러 앞서 이야기했듯이 부모님들의 어린 시절 놀이를 이야기하며, 함께 추억을 소환하고 공유하는 것도 뜻깊은 일입니다.

어른이 된 지금, 다시 ≪톰 소여의 모험≫을 읽자 어려서는 단 한 번도 생각하지 못했던 질문이 떠오릅니다. 톰의 이모, 실제로는 엄마 노릇을 하는 '폴리 이모의 심정은 어땠을까?' 하는 생각입니다. 아이와 함께 소설 속 어른의 입장에서 톰을 바라봐도 재미있을 것입니다.

관심 연결 TIP
—— 속상한 일, 부끄러운 일을 재미있는 사건으로 바꾸는 방법 생각해보기
—— 내가 톰 소여라면 인디언 조의 만행을 증언할 수 있었을까?
—— 톰 소여가 되어 한 번쯤 해보고 싶은 모험에 관해 이야기하기

엄마용 해설서 ② 밑줄 쫘악

톰은 노동을 놀이로 승화시키는 데 천재입니다. 담장에 페인트를 칠하는 일을 친구들이 하고 싶어 안달 나는 재미있는 놀이로 바꿔버립

니다. 이렇게 무언가 갖고 싶게, 하고 싶게 만들려면 그것을 손에 넣기 어렵게 만드는 방법이 최고입니다.

"울타리 치는 일이 날이면 날마다 있는 줄 알아?"

"이모가 이 담장에 엄청 각별해서 엄청 조심해서 칠해야 하거든. 이걸 제대로 칠하는 애들은 천 명에 하나, 아니다, 이천 명에 하나도 없을 거야."

아이들에게 무언가를 시킬 때 톰의 방법을 빌려 보세요. 저도 출강하는 학교 학생들의 잘 쓴 작품들을 학원에 가져가 잘 보이는 곳에 슬쩍 올려 두고, 아이들이 '나도 잘 써서 내 작품을 진열하고 싶다'는 경쟁심이 들게끔 유도합니다.

톰은 현재를 즐길 줄 아는 아이입니다. 자신이 원하는 일에 몰입하고 그 과정을 충분히 즐기기에 결과에 연연하지 않습니다. 잘 노는 아이가 공부도 잘하고 잘 노는 아이가 책도 열심히 읽고 잘 노는 아이가 노래도 잘 부르고 잘 노는 아이가 그림도 잘 그립니다. 잘 논다는 것은 그 상황과정에 집중할 줄 안다는 뜻입니다. 아이들이 잘 놀 수 있도록 판을 잘 깔아줍시다.

• • • • • • • • • • • • • • • • •

경험 나누기

● 톰은 친구 허크와 재미있게 잘 놉니다. 나는 친구 누구와 놀 때가 재미있으며
  무엇을 하고 놀 때가 가장 재미있나요?

_____

_____

마음 알아보기

● 인디언 조가 머프 포터에게 억울하게 누명을 씌웠습니다. 나도 억울하게 누명
  을 쓴 적이 있다면 이야기하고 그때의 기분을 써보세요.

_____

_____

생각이 글로   ⋯▶ 유선 공책 또는 20줄 내외의 글쓰기 종이를 준비해주세요

● 여러분에게 선물 같은 방학이 한 달간 주어졌습니다. 같이 가고 싶은 친구는
  누구이며 무엇을 하며 어떻게 보내고 싶나요?

도전을
선택해봐,
넌 잘할 수 있을 거야

루이스 세풀베다의 ≪갈매기에게 나는 법을 가르쳐준 고양이≫

책이 주는 힘

'근자감'이라는 말이 있습니다. '근거 없는 자신감'의 줄임말이죠. 누가 봐도 아닌데 자신에 대해 지나치게 자신감 있게 행동하거나 허세를 부려 이야기하면 '그 근자감은 어디에서 오는 것이냐'고 빗대어 말하기도 합니다. 요즘 초등학교에서 학급회장 선거를 하면, 반 학생 30여 명 중 절반 정도가 자기 자신을 추천하며 후보로 나온다고 합니다. 결과야 어찌 되든 내 아이가 자신감을 가졌으면 하는 바람에서 후보에라도 나가보라고 독려하는 부모님들 덕분에 이런 웃지 못할 일이 생기는 것 같습니다.

아이들은 다분히 단순하여서 미술학원을 다니면 자신은 미술을 잘

한다고 생각하고, 피아노를 배우면 피아노를 잘 친다고 생각하며, 태권도를 배우고 있으면 태권도를 무척 잘한다고 생각합니다. 반대로 이야기하면 학원에 다니지 않는 과목의 경우, 자기는 절대 못한다고 생각합니다. 더 심한 경우는 배우지 않은 것에 대해서는 무조건 못한다고 생각하여 도전조차 하지 않으려는 경우가 더러 있습니다.

학교를 보내 놓고 하는 엄마의 가장 큰 고민은 과연 우리 아이가 '잘할 수 있을까?'입니다. 남이 대신해줄 수 없는 길이므로 우리가 할 수 있는 일은 아이가 내딛는 한 발 한 발에 용기와 자신감을 불어넣어주는 것뿐입니다. 오늘도 응원해봅니다.

"잘할 수 있을 거야."

 관심 연결 TIP
—— 내가 잘한다고 생각하는 일과 못한다고 생각하는 일, 그리고 그 이유에 대해 이야기하기

책을 소개합니다

≪갈매기에게 나는 법을 가르쳐준 고양이≫는 아이의 자신감을 길러줄 수 있는 책입니다. 초등학교 5학년 교과서에도 일부 수록되는 작품이라 엄마도 아이도 함께 읽으면 좋을 듯합니다.

갈매기가 어떻게 고양이에게 나는 법을 배울 수 있을까요? 제목만 가지고도 한참을 아이와 이야기 나눌 수 있습니다. 참 특이한 제목이

지요. 고양이를 소재로 하는 책은 많지만, 고양이가 세상에 갈매기에게 나는 법을 가르쳐 준다니 이런 발칙한 제목이 또 있을까요? 과연 제목대로 고양이가 갈매기에게 멋지게 나는 법을 잘 가르쳐줄까요? 고양이와 갈매기, 이들은 어떤 사이일까요?

먼저 작가부터 알아보겠습니다. 칠레의 작가인 루이스 세풀베다 Luis Sepúlveda, 1949~입니다. 젊은 시절 칠레에서 학생 운동에 참여했던 그는 환경생태 문제와 소수민족에 대해 깊은 관심을 가지고 있으며, 이 작품은 자신의 아이들에게 인간이 저지른 환경파괴에 대한 이야기를 해주기 위해 쓴 것이라고 합니다.

어느 작은 부두, 갈매기 한 마리가 환경오염 기름띠로 인해 죽어가던 중 가족들이 휴가를 떠난 집을 외로이 지키던 고양이에 의해 발견됩니다. 고양이는 죽어가는 갈매기와 한 가지 약속을 하는데, 그것은 갈매기의 알을 품고 새끼들이 태어나면 나는 법을 가르쳐달라는 것입니다. 이렇게 새끼 갈매기의 엄마가 된 고양이가 고양이 친구들과 함께 백과사전을 찾아가면서 나는 법을 가르치는 모습이 무척이나 재미있습니다. 나는 것의 의미를 모르는 고양이들이 함께 책을 찾아보는 모습은 정말이지 인상적입니다. 또한 갈매기와 고양이라는, 서로 낯선 동물들이 약속을 지키기 위해 노력하며 하나가 되어가는 과정이 깊은 감동을 줍니다.

엄마용 해설서 ① 엄마 먼저 읽어보기

우리는 어쩌면 여태껏 우리와 같은 존재들만 받아들이고 사랑해왔는지 모릅니다. 나와 다른 존재를 사랑하기는커녕 인정조차 하지 않으려 하고 배척하는 경향이 누구에게나 있습니다. 정도가 다를 뿐입니다. 우리 아이들은 경험이 많이 부족하므로 그런 경향이 어른에 비해 더 심할 수 있습니다. 나와 전혀 다른 존재를 받아들이고 아껴주는 아기 갈매기와 고양이의 모습을 통해, 진정한 사랑이 무엇인가에 관해 아이들과 대화해보세요. 낯선 것을 대하는 태도에 관해 이야기 나누어도 좋습니다.

참! 작품 속 아기 갈매기의 이름은 '아포르뚜나다'로 행운이라는 뜻입니다. 갈매기가 고양이를 만난 것은 참으로 행운이라 하지 않을 수 없겠죠. 아무리 갈매기라 해도 생전 처음 나는 법을 배우면서 왜 시련이 없었겠습니까. 그럼에도 고양이 엄마의 지지가 새끼 갈매기에게는 어려움을 극복하고 다시 날갯짓을 할 힘이 되었을 것입니다. 이런 이야기를 통해 무엇인가를 새로 배우며 힘들어하는 아이와 공감대를 형성해보면 좋겠습니다.

한편, 고양이 엄마와 친구들은 나는 게 뭔지도 모르는데 어떻게 나는 걸 가르칠 수 있었을까요? 이건 우리 엄마들도 마찬가지입니다. 내가 영어를 못해도, 피아노를 못 쳐도, 아이가 그것을 배우고 잘 해내도록 독려해야 하는 처지입니다. 이러한 엄마의 솔직한 상황을 나누고,

배우고 익혀두면 모두가 유익한 이유를 아이와 이야기해보세요.

관심 연결 TIP

— 낯선 것에 대한 생각을 이야기하고, 진정한 사랑에 관해 생각해보기
— 새로운 것을 배우는 두려움에 대하여 아이와 공감해주기
— 엄마도 잘 모르지만 배우기를 권하는 이유에 대해 진솔하게 대화하기

엄마용 해설서 ② 밑줄 쫘악

≪갈매기에게 나는 법을 가르쳐준 고양이≫는 땅 위의 고양이와 하늘의 갈매기라는 전혀 어울릴 것 같지 않은 주인공들을 통해 '진정한 사랑'을 알려주는 책입니다. 도움을 줄 만한 사람으로 선택된 시인 덕분에 새끼 갈매기는 산 미겔 성당 꼭대기에서 드디어 날게 됩니다. 갈매기 아포르뚜나다가 상공을 나는 모습을 본 고양이 소르바스는 시인에게 이렇게 말합니다.

오직 날려고 노력하는 자만이 날 수 있다는 사실이죠.

이 말을 이렇게 바꿔보세요.

"오직 ○○○ 노력하는 자만이 ○○(할) 수 있다는 사실이죠."

예를 들면 글쓰기를 주제로 고쳐본다면, "오직 쓰려고 노력하는 자

만이 쓸 수 있다는 사실이죠."가 될 것입니다. 아이와 함께 빈칸에 알맞은 말을 찾으며, 아이의 상황에 적용해보십시오.

　어떤 일이든지 노력하지 않고 저절로 이룰 수는 없는 법입니다. 이 책이 보다 나은 미래를 위해 어떤 노력을 해야 할지, 그리고 어떤 도전을 해야 할지에 관해 생각하는 계기가 되기를 바랍니다.

알아보기

● 이 책은 8세부터 88세까지 읽는 동화라고 합니다. 여러분 주위의 어른 중 누
구에게 이 이야기를 들려주고 싶나요?

경험 나누기

● 날기 위해서 갈매기는 전혀 날지 못하는 엄마 고양이와 엄마 친구들의 이상
하고도 혹독한 훈련을 받습니다. 나는 글을 잘 쓰기 위해 어떤 노력을 기울이
고 있나요? 경험을 이야기해보세요.

생각해보기

● 아기 갈매기의 이름인 아포르뚜나다는 '행운아!'라는 뜻입니다. 나는 어떤 행
운을 가졌습니까?

생각이 글로   ···▶ 유선 공책 또는 20줄 내외의 글쓰기 종이를 준비해주세요

● 고양이들이 갈매기 아포르뚜나다에게 나는 법을 가르쳐 주는 것이 무척 인상
적이었습니다. 여러분들이 고양이 소르바스라면 갈매기에게 어떤 방법으로
나는 법을 가르쳤을까요? 자세하게 적어보세요.

순수한 우정의
강력한
힘을 믿으세요

엘윈 브룩스 화이트의 ≪샬롯의 거미줄≫

책이 주는 힘

항상 내 곁에 있고 변함없을 것 같은 가족관계가 어른들의 잘못으로 틀어진다면, 게다가 영문도 모른 채 가족과 헤어지게 된다면 아이 입장에서 그것만큼 가슴 아프고 힘든 일이 없을 것입니다. 그것도 가장 예민한 시기에 이런 일을 겪으면 원래의 일상적인 마음으로 돌아오는 데 상당히 시간이 걸릴 것입니다.

이금이 작가의 ≪너도 하늘말나리야≫는 가장 사랑하는 엄마를 잃고 말문을 닫아 버린 바우, 부모 없이 할머니와 살아가는 소희, 부모의 이혼으로 엄마와 작은 시골로 이사 온 미르, 세 친구가 주인공입니다. 이처럼 각자의 아픔을 가지고 마음의 문을 꽁꽁 닫고 살다가 마침내 친구가 된다는 이야기죠. 힘든 일을 이겨내는 힘은 우선 자기 자신의 내면에서 나오겠지만, 그에 못지않게 외부적인 요인, 즉 친구들의 존재도 중요합니다. 슬픈 마음을 잊게 하고 고통에서 벗어나는 데 큰 도움이 돼주니까요. 반대로 즐거움도 친구와 함께하면 두 배가 될 것입니다. 작품 속 주인공들은 처음엔 무척이나 경계하다가 서로를 알아가는 과정에서 그 아픔을 이해하며, 서로 의지하는 아름다운 우정으로 발전해 나갑니다.

우정은 나이 차를 극복하기도 하고, 환경을 초월하기도 합니다. 반려견과 생활하는 사람은 반려견과 친구가 되고, 등산이나 낚시를 좋아하는 사람은 "산이 내 친구", "낚시가 내 친구"라고 합니다. 심지어 혼자 계시는 어르신들은 "텔레비전이 친구"라고도 하죠. 함께 생각해 볼 책은 엘윈 브룩스 화이트의 ≪샬롯의 거미줄≫입니다. 거미와 돼지의 기막힌 우정을 함께 엿보겠습니다.

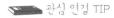 관심 연결 TIP
── 힘든 일이 있었을 때 도움이 된 친구에 대해 이야기하기

책을 소개합니다

기쁨은 나누면 배가 되고 슬픔은 나누면 반이 된다는 말이 있습니다. 나에게 기쁜 일 혹은 슬픈 일이 생겼을 때 함께 나누고픈 친구가 있

나요? 모두가 다 나를 질책하고 나무랄 때, 나를 지지하고 응원하고 용기를 북돋워주는 친구가 있습니까? 내가 위기에 처했을 때 거짓말 같이 나타나 나를 도와줄 친구 이야기가 바로 이 작품의 골자입니다. 이미 책을 읽은 부모님과 친구들도 많을 것 같습니다. 영화로도 나왔는데, 이 책을 가지고 수업을 하면 영화는 물론이고 영어 동화책으로도 읽은 학생들이 제법 있었습니다.

엘윈 브룩스 화이트Elwyn Brooks White, 1899년~1985는 오랫동안 농장 생활을 했다고 합니다. 그래서인지 농장에서의 느낀 생생한 감정들이 작품 속에 잘 나타납니다. 동물들의 생활을 생동감 있으면서도 사실적으로 그릴뿐 아니라, 농장의 자연을 예찬하기도 합니다.

이 책의 표지를 한번 보세요. 우리가 전혀 예상치 못한 동물들의 조합이 보입니다. 전혀 어울릴 것 같지 않은 돼지와 거미가 바로 그 주인공으로 과연 이들이 진정으로 우정을 나눌 수 있을까 싶지요. 저도 처음에 이 표지를 보고 무척 의아했답니다. 그리고 그 점이 제 호기심을 끌었습니다. 아이들은 책을 고를 때 표지와 제목을 가장 많이 봅니다. ≪샬롯의 거미줄≫은 그런 면에서 표지부터 합격점입니다.

무녀리여러 마리로 태어난 새끼들 중 가장 먼저 태어나고 약한 새끼로 태어난 돼지 윌버는 너무 조그맣다는 이유로 곧장 죽을 위험에 처합니다. 다행히 농장주의 어린 딸 편의 도움으로 삼촌네 농장에서 다른 동물들과 함께 지내게 됩니다. 친구를 사귀고 싶어 하는 새끼 돼지 윌버의 바람과는 달리 동물들은 윌버를 멀리 대합니다.

누구나 살면서 이런 경험을 한 번쯤 해볼 겁니다. 친하고 싶은 친구가 있는데 사귈 기회가 별로 없고, 또 반대로 별로 친하지도 않고 심지어 내가 싫어하는 스타일인데도 자꾸 엮이게 되는 친구가 꼭 한 명씩은 있지요.

외로워하는 윌버에게 어디선가 들려오는 다정한 목소리. 그 목소리의 주인공은 농장 천장에 사는 거미 샬롯이었습니다. 샬롯은 기꺼이 윌버의 친구가 되어주기로 약속합니다. 언제나 자신의 편이 되어주는 어린 편과 새로운 친구 샬롯까지 만난 아기 돼지 윌버는 하루하루가 정말 행복합니다. 그러던 어느 날, 여물통 밑에 사는 까칠한 기회주의자 쥐 템플턴으로부터 지금까지 감춰왔던 충격적인 비밀을 듣게 됩니다. 겨울이 오기 전 윌버는 햄이 되어 식탁에 올라갈 운명이라는 것! 이무슨 마른하늘에 날벼락입니까?

첫눈을 기다리며 설레던 윌버는 다리가 휘청거리는 이 소식에 금세울상이 되고, 거미 샬롯은 윌버를 위로하며 끝까지 윌버를 지켜주겠다고 약속을 합니다. 그리고 모두가 잠이 든 그날 밤, 샬롯은 윌버를 위해그 누구도 생각하지 못했던 특별한 기적을 준비하는데…

"대단한 돼지"라는 글을 밤새 거미줄로 짠 샬롯으로 인해 윌버는 진짜 대단한 돼지가 됩니다. 농장주인은 물론이고 온 동네 사람들도 구경하고 아주 난리가 납니다. 뒤이어 샬롯이 거미줄로 새긴 글은 근사

한 돼지, 겸허한 돼지라는 글귀! 윌버는 죽기는커녕 그 마을의 명물이 되고 급기야는 가축 품평회에도 나가게 됩니다. 그 후 안타깝게도 윌버를 위해 헌신한 샬롯이 떠나자, 윌버는 자신이 받은 그 사랑을 샬롯의 새끼들을 돌봐주는 것으로 보답합니다. 그렇게 그들의 영원한 우정은 계속됩니다.

엄마용 해설서 ① 엄마 먼저 읽어보기

≪샬롯의 거미줄≫은 1952년에 출간된 이래 전 세계적으로 4천5백만 부 이상 판매된 아동문학의 고전이자 스테디셀러입니다. 볼품없고 하찮아 보이는 거미와 돼지가 서로의 삶을 구원하는 이 이야기는 타인을 이해하는 마음과 그들만의 우정, 생명의 소중함 등 우리가 살면서 놓치기 쉬운 중요한 가치가 무엇인지를 진지하게 전합니다.

저는 이 둘의 우정도 우정이지만 작품 속 또 다른 지점에 눈길이 갔습니다. 샬롯이 윌버를 위해 '대단한 돼지'라고 쓰자 윌버는 정말로 대단한 돼지처럼 보이려고 열심히 노력합니다. 또 샬롯이 거미줄에 '근사해'라고 쓰자 근사하게 보이려고 노력하죠. 아이들도 마찬가지입니다. 봐주는 대로 행동하려고 노력합니다. 인정해주면 그대로 하려고 노력합니다. 그런 까닭에 저는 자신감이 없는 아이, 공부하기 싫어하는 아이와 수업할 때면 약간 과하다 싶을 정도로 칭찬합니다. 그러면 칭찬받은 대로 되기 위해 노력하는 게 보입니다. 그렇다고 해서 칭찬이 독이 되어 아이가 자만해지는 건 아닐까 너무 걱정할 필요는 없습니다. 윌버는 근사해지기 위해 노력한 결과 실제로 멋진 존재가 되었지만, 오히려 겸허해졌죠. 입 발린 칭찬이 아니라 진심으로 위하는 칭찬이었기 때문입니다. 실망시키지 않기 위해서라도 더 나은 존재가 된 것입니다.

이처럼 일상적인 관계를 맺어가면서 서로가 서로에게 관심을 가지는 게 우정이라고 봅니다. '우정이란 무엇인가'에 대해 새삼스럽게 생각하게 만드는 책입니다. 더불어 내게도 샬롯처럼 끝까지 믿어주고 용기를 주는 좋은 친구가 있는지 주변을 돌이켜보고, 나 자신부터가 그런 친구가 돼야겠다는 생각이 듭니다.

그런 의미에서 엄마 아빠가 먼저 아이의 좋은 친구가 되어주세요. 어떻게 말해주어야 아이가 힘들 때마다 힘을 얻고, 기쁨을 자유롭게 표현하고, 꿈을 이루며 살아갈지 고민하고 아이가 제일 좋아하는 말이 무엇일지 찾아보세요.

 관심 연결 TIP
── 아이에게 힘이 되는 말, 긍정적인 변화를 이끌 수 있는 말이 무엇일지 생각해보기

엄마용 해설서 ② 밑줄 쫘악

혼자 학원에 들어서는 아이, 친구가 아직 안 왔는지부터 묻습니다. "오늘 가족 휴가라 결석이야."라고 했더니 금세 얼굴이 시무룩해집니다. 그런가 하면, 평소 그다지 친해 보이지 않았는데도 어떤 친구가 결석하면 무척 섭섭해하는 경우가 더러 있습니다. 같은 공간에서 같이 생각하고 배운다는 이유만으로도 친구이니, 무작정 좋은 것입니다. 아이들의 우정에는 조건도 없고 이유도 없으며, 묻지도 않고 따지지도 않습니다.

아이가 무엇을, 누구를 친구로 삼든 그처럼 순수한 우정을 부모들은 응원하고 지지해줘야 합니다. 샬롯이 윌버를 살리기 위해 쓴 그 글대로 윌버가 노력하고, 그 글로 동네 명물이 되어도 시기하지 않고 응원해주는 존재가 친구입니다. 한 자녀일 경우는 친구의 존재가 더 중요합니다. 또 엄마 역시 아이의 친구가 되어줘야 하고, 다 채워주지 못하는 부분은 책을 친구 삼도록 인도해줘야 합니다.

마지막으로 ≪샬롯의 거미줄≫ 중 몇 대목을 보겠습니다.

"서로 참고 배려하며 약속을 지키는 것 그게 우정이야."

"왜 나에게 그렇게 잘해주었니? 난 그럴 만한 자격이 없는데.
난 너에게 아무것도 해 준 게 없어."

샬롯이 대답했다.

"너는 내 친구였어. 그것만으로도 굉장한 일이야. 내가 너를 좋아했기 때문에 거미줄을 짰던 거야. 어쨌든, 어쨌든 말이야. 산다는 건 뭘까? 이렇게 태어나서, 이렇게 잠시 살다가, 이렇게 죽는 거겠지. 거미가 모두 덫을 놓아서 파리를 잡아먹으며 살기는 하지만, 알지 못할 게 있어. 어쩌면 난 널 도와줌으로써 내 삶을 조금이나마 승격시키려고 했던 건지도 모르겠어. 어느 누구의 삶이든 조금씩은 다 그럴 거야."

아이가 이처럼 좋은 친구를 만나고 우정을 나눈다면, 그 모습을 지켜보는 엄마와 교사 역시 행복할 것입니다.

WORKSHEET • • • • • • • • • • • • • • • • • •

마음 알기

● 나의 이야기를 제일 잘 들어주는 친구는 누구인가요? 내 이야기를 하고 나면

   기분이 어떻습니까?

나에 대해 알기

● 친구가 속상해하거나 기분이 안 좋았을 때 친구의 마음을 풀어주는 나만의

   필살기나 비밀 방법이 있나요? 있다면 소개해주세요.

생각이 글로   ⋯▶ 유선 공책 또는 20줄 내외의 글쓰기 종이를 준비해주세요

● 나에게는 이런 좋은 친구가 있습니다. 그 착하고 멋진 친구를 소개해보세요.

하루아침에
만들어지는
천재는 없다

≪베토벤 위인전≫과 ≪모차르트 위인전≫

책이 주는 힘

부모라면 한 번쯤 해봤을 법한 착각에 가까운 생각이 있습니다. 그 것은 바로 '내 아이가 이런 것을 다 알다니? 내 아이가 이런 행동을 하다니? 혹시 천재가 아닐까?'입니다. 때로는 그 콩깍지가 오래가서 조기교육으로 아이를 괴롭히는 경우도 있습니다. 반대로 일찌감치 현실을 깨닫고 포기하기도 하죠.

이처럼 우리 아이가 천재가 아닐까 설레는 엄마들의 심정과는 달리, 천재라는 말에 대한 아이들의 반응은 싸늘합니다. 수업 시간에 아이들에게 '천재'라고 칭찬하면 100명이면 100명 모두 "천하고 재수 없는 게 천재예요."하고 받아칩니다. 왜인지는 몰라도, 제 경험상으로는 여

270

지없이 이런 반응이 돌아왔습니다. 그러고 보면 영재나 수재와는 달리 천재라는 말에는 유독 '비운의', '고독한' 같은 부정적인 수식어가 많이 붙는 것 같습니다. 재능을 티고났지만 그로 인해 행복한 삶을 살기 어려운 사람이라는 인식이 알게 모르게 퍼져 있는 걸까요? 혹은 '비범함'에 기대하는 부모님들에 대한 아이들의 솔직한 심경이 반영된 것일지도 모릅니다. 간혹 가다가 비밀에 싸인 크렘린 궁전마냥 사교육을 몰래 몰래 시키면서, 아이가 그것으로 인해 상을 받거나 공부를 잘하면 "시킨 적도 없고 배운 적도 없는데 저렇게 잘하네."라며 '내 아이 천재설'을 스스로 퍼뜨리는 경우가 있습니다. 아이가 천재성을 가졌으면 하는 것은 엄마들이 로망이지만, 이런 모습은 오히려 아이들의 반감을 부를 수 있습니다.

위인전에 등장하는 사람은 크게 두 종류로 나뉩니다. 하나는 온갖 역경을 다 이겨내고 마침내 자신의 자리에서 우뚝 서거나 나라를 위해 희생한 사람, 또 하나는 타고난 소질로 나라를 빛내거나 위기를 극복하고 위대한 업적을 이뤄낸 사람. 눈에 띄는 것은 단연코 후자 쪽입니다. 노력하지 않아도 처음부터 그 분야에 천재성을 가진 사람, 배우지도 않았는데 척척 해내고 완성하고 만들어내는 사람. 이 얼마나 매혹적인 인물입니까?

이번 장에서는 음악가 중에서도 대표적인 두 천재, 모차르트와 베토벤에 대해 배워보겠습니다. 흔히 모차르트는 타고난 천재라 불리고,

베토벤은 노력하는 천재라 불립니다.

책을 소개합니다

아무리 클래식에 문외한이고 곡명을 몰라도 한 번쯤은 들어봤을 음악! 바로 모차르트와 베토벤의 음악일 것입니다. 무슨 음악인지는 몰라도 "아, 많이 들어봤어요."라는 반응이 나오는 대표적인 고전 클래식의 상당수가 이들의 곡입니다. 21세기인 지금도 여전히 전 세계 곳곳에서 공연되고, 또 수많은 사람들이 듣고 즐기고 있습니다.

볼프강 아마데우스 모차르트Wolfgang Amadeus Mozart, 1756~1791와 루트비히 판 베토벤Ludwig van Beethoven,, 1770~1827은 동시대를 살았습니다. 음악에 천재성을 지녔다는 공통점이 있었으나, 그 둘의 인생은 완전히 달랐죠.

모차르트는 3대째 이어져 오는 음악가 집안에서 태어났습니다. 아버지는 바이올리니스트로, 모차르트는 4살 때부터 악기를 연주했고 작곡을 했다고 알려져 있습니다. 모차르트의 5살 많은 누나인 마리아 안나애칭 '난네를' 역시 연주 실력이 뛰어났기에, 그의 아버지는 두 자녀의 재능을 알리고자 모차르트가 6살 무렵부터 유럽 곳곳으로 연주 여행을 다니기 시작했습니다. 수많은 공연을 통해 천재성을 입증받은 모차르트는 유명한 당대 음악가들에게 작곡을 배우기도 하며 유럽 전

역을 다녔습니다. 유년 시절과 청소년 시기, 모차르트의 신동다운 면모는 가는 곳마다 그에 대한 관심과 흥미를 불러일으켰습니다. 고향인 잘츠부르크보다 음악의 수도라 불리는 빈에서의 활동이 더 주목을 끌기도 했죠. 그러나 안타깝게도 진혼곡 '레퀴엠'을 작곡하는 중 고열에 시달리다 겨우 서른다섯을 일기로 세상을 떠나고 맙니다.

모차르트보다 14살 어린 베토벤, 그의 아버지 또한 궁정음악가였습니다. 그의 아버지는 베토벤을 유럽 전역에 신동으로 명성을 떨친 모차르트 같은 천재 음악가로 키우고 싶어 했습니다. 그래서 어렸을 때는 피아노 중심으로 음악 교육을 시켰습니다. 아버지는 베토벤이 피아노 연습을 게을리하면 손가락을 때렸고, 손가락을 움직일 수 없을 때까지 연습하게 했습니다.

십 대 후반에는 오스트리아 빈으로 유학 가서 여러 음악 활동을 했으나 어머니의 죽음으로 인해 가정 경제를 책임져야 했고, 아버지마저 술에 의지하는 상황에서 동생들을 돌보는 건 베토벤의 몫이었습니다. 이런 악조건 속에서도 버틸 수 있었던 것은 음악에 대한 열정과 사랑 덕분이었습니다.

그러나 신은 가혹하게도 불치의 귓병으로 음악가인 베토벤을 들을 수 없게 만듭니다. 음악가로서 청력을 잃은 데 대한 절망과 사랑하는 여인과의 이별로 죽을 결심을 하기도 했으나, 결국 역경을 이겨내고 인생의 위기를 극복합니다. 그는 들리지 않는 장애를 가지고도 위대한 작곡자이자 지휘자로서 명성을 떨칩니다. 고난과 시련을 예술로 승화시킨 그의 인생은 감동 그 자체입니다.

엄마용 해설서 ① 엄마 먼저 읽어보기

우리가 위인전을 읽고 아이들에게도 적극적으로 읽히는 이유는 그들 삶을 본받고 자신의 삶에 반영하여 성장하기를 바라기 때문입니다. 그렇게 위인들의 정신은 시간이 흘러도 사람들 마음속에서, 삶 속에서 긍정적인 작용을 계속합니다. 지금부터는 두 타입의 천재를 비교하고 그들의 이야기에서 얻은 힌트를 내 아이의 삶에 어떻게 적용시킬지 고민해볼 차례입니다.

첫 번째 힌트는 바로 '부모의 지지'입니다.

육아휴직은 엄마가 내는 것이 보통이지만, 점점 아빠들의 육아휴직 비율이 늘어나고 있다고 합니다. 저도 학원을 하다 보면 해가 갈수록 아빠들의 상담 전화가 많아진다는 걸 느낍니다. 하원 길에 데리러 오는 아빠가 많고, 학교 행사에도 아빠의 참여도가 절반이 넘는 듯합니다.

모차르트와 베토벤의 위인전을 읽으며, 18세기 유럽에도 이런 맹부가 있었음에 감탄했습니다. 모차르트의 아버지도, 베토벤의 아버지도 자신이 할 수 있는 최선을 다해 음악 교육을 시킨 것이 대단해 보였습니다. 축구선수 박지성, 손흥민 뒤에는 24시간 케어하는 아버지가 있었었다는 사실과도 오버랩되었습니다. 이처럼 위대한 인물이나 인정받은 천재 뒤에는 늘 부모의 조력이 있었음을 확인히면, 부모로서의 책임감이 무겁게 마음에 와 닿기도 합니다.

두 번째 힌트는 '노력과 열정이 운명을 이긴다'는 것입니다.

베토벤은 32살에 청력을 완전히 잃은 이후 연주 활동은 아예 할 수 없게 되었고, 대화마저 어려워 메모장이 필요했습니다. 게다가 물질적, 정신적으로도 궁핍하기 그지없었습니다. 이런 상황에서도 우리가 너무나 잘 아는 '영웅', '운명', '합창', '전원' 등 4대 교향곡을 비롯하여 '월광 소나타', '엘리제를 위하여' 등 수많은 명곡을 작곡했습니다.

마지막 힌트는 '죽은 음악가의 살아 숨 쉬는 음악'입니다.

위인동화를 읽고 베토벤의 음악을 들려주니 의외로 몰입도가 대단했습니다. 그도 그럴 것이 모두 다 들어본 곡이기 때문입니다. 들리지 않는 상태에서 쓴 곡이라는 데 놀라워하며 그의 인생과 음악에 더 많은 관심을 보이기도 합니다. 베토벤은 화려한 사교계와는 어울리지 않는 내성적 성향의 사람으로 알려져 있는데, 이 또한 그의 강렬한 음악과 대비돼 흥미롭게 느껴집니다.

모차르트의 음악 또한 '피가로의 결혼', '돈 조반니', '마술피리' 등 들으면 알 만한 곡이 많습니다. 특히 모차르트는 오스트리아 빈에 자리를 잡은 이후, 타고난 재능에 날개를 단 듯 왕성한 활동을 했습니다. 음악의 수도라 할 수 있는 빈은 모차르트를 비롯해서 베토벤, 슈베르트, 브람스, 하이든 등 수많은 음악가들이 활동한 곳입니다. 혹시 아이와 함께 빈을 방문할 기회가 있다면 곳곳에서 그들의 발자취와 흔적을 만날 수 있을 것입니다.

음악에 대해 잘 알지 못하는 저도 수업을 하면서 두 음악가의 작품을 번갈아 들어보니 차이가 확연히 느껴졌습니다. 클래식 음악이라면 지루할 것 같지만, 두 위인의 드라마틱한 삶에 더하여 아이들에게도 익숙한 음악이 들리면 굉장한 흥미를 보입니다. 아이들과 함께 베토벤과 모차르트의 음악을 번갈아 가며 듣고, 나름 분석하는 재미도 쏠쏠할 것입니다.

관심 연결 TIP
── 베토벤에게 닥친 불행, 그리고 역경을 이겨낸 감동적인 스토리 들려주기
── 음악을 들으며 그들의 실제 인생과 연결 지어 분석해보기

엄마용 해설서 ② 밑줄 쫘악

베토벤은 작은 키에 볼품없는 외모 때문에 음악가 하이든으로부터 '몽고 대왕'이라는 별명을 얻었다고 합니다. 게다가 음악가의 생명이라 할 청력까지 잃었지만 그는 결코 자신의 삶을 놓지 않았습니다. 오히려 창작욕을 불태웠죠. 귀가 들리지 않아도 뼈를 깎는 노력으로 작곡

활동을 하고 지휘까지 하기에 이르렀습니다.

어느 연주회 날, 혼신의 힘으로 지휘를 끝낸 베토벤은 박수 소리를 듣지 못하고 꼼짝 않고 서 있었습니다. 그런 그를 소프라노 가수가 돌려세우자, 그제야 객석의 환호와 손뼉 치는 모습을 보고 눈물을 흘렸다는 일화는 깊은 감동을 줍니다. 음악이 자신의 운명이라 생각했던 베토벤. 청력을 잃으며 함께 잃어버릴 수도 있었던 '음악가로서의 운명'을 그는 피나는 노력과 열정으로 지켜냅니다. 진정한 천재성이라는 것에 대해 많은 생각을 하게 합니다.

한편, 모차르트 또한 아주 어려서부터 수없이 연습하고 공연하며, 많은 음악가들을 만나 배우고 익히는 노력을 했습니다. 그는 이런 말도 남겼습니다.

> 사람들은 내 음악이 쉽게 만들어진다고 생각하는 우를 범한다. 그 누구도
> 나만큼 작곡하는데 시간을 보내고, 작곡에 대해 생각하지는 않았을 것이다.
> 내가 거듭 연구해보지 않았던 음악의 거장은 없다. ― 볼프강 아마데우스 모차르트

우리가 쉽게 "천재"라며 언급하는 인물들도 실은 남다른 재능을 유지하고 더 성장시키기 위해 피나는 노력을 했던 것입니다. 혹자는 '모차르트는 하늘에서 온 천재이고 베토벤은 하늘로 간 천재'라고 합니다. 그러나 부족한 저의 소견으로는 노력이 없었다면 이들의 천재성은

역사에 남지 못했을 것입니다. 설사 천재라도 거저 이룰 수 있는 것은 없습니다. 이 부분을 우리 아이들에게 잘 설명해 주는 것이 어른들의 역할입니다.

경험 나누기

● 원래는 잘하지 못했는데 노력을 통해 좋은 결과를 낸 경험이 있나요?

마음 알아보기

● 내가 그것을 못한다는 것을 알고 엄청 노력을 했는데도 좋은 결과를 내지 못
  한 경험이 있었나요? 그때의 기분을 써보세요.

생각이 글로   ⋯▶ 유선 공책 또는 20줄 내외의 글쓰기 종이를 준비해주세요

● 모차르트와 베토벤의 이야기를 읽었습니다. 그들에게서 본받을 점이나 그들
  에게 하고 싶은 말을 솔직하게 써보세요.

수업 중 아이들에게 읽으라고만 하지 않고 저도 옆에서 같이 읽다 보니 어느새 약속한 시간보다 읽기 시간이 훨씬 지나가서 아이들과 한참을 웃었습니다.

수업 중 아이들에게 글을 쓰라 해놓고 저도 이 책공부 연결 독서법을 쓰느라 그들 곁 한편에서 노트북에 한 글자씩 입력하고 있으니 "선생님! 독수리 타법이었어요?"하고 묻습니다.
"그래, 한 글자 한 글자 너희들이 지금 쓰듯이 나도 한 글자 한 글자 온 맘을 다해 쓰고 있다."
"와~, 그럼 우리는 같은 편이네요."
이렇게 아이들과 또 한참을 웃었습니다.

아이들이 즐겁고 행복했으면 좋겠습니다. 부족하나마 이 책을 통해 읽기와 쓰기에 즐겁고 재미있게 접근하여, 교실과 공부방을 놀이터 삼아 함박웃음이 자동 재생되었으면 합니다.

그러기 위해 아이들과 함께
놀이 같은 독서를 시작해보세요.
그럼 지금부터
즐겁게 책 읽기 놀이 시~작!